WESTEND

Prima la musica, *dopo* le parole

Joachim Kaiser und
Marcel Reich-Ranicki
im Streitgespräch –
moderiert von August Everding

WESTEND

Mehr über unsere Autoren und Bücher:
www.westendverlag.de

Die Deutsche Nationalbibliothek verzeichnet diese Publikation
in der Deutschen Nationalbibliografie; detaillierte bibliografi-
sche Daten sind im Internet über http://dnb.d-nb.de abrufbar.

ISBN 978-3-86489-222-6
1. Auflage 2018
© Westend Verlag GmbH, Frankfurt/Main 2018
Rechte: LOFT music GmbH, Dr. Manfred Frei, Gauting
Satz: Publikations Atelier, Dreieich
Umschlaggestaltung: Buchgut, Berlin
Druck und Bindung: CPI – Clausen & Bosse, Leck
Printed in Germany

Die Richard-Strauss-Tage

in Garmisch-Partenkirchen wurden im Jahre 1989 gegründet und zum ersten Male durchgeführt. Im 7. Jahre ihres Bestehens gelang es, zwei Höhepunkte nach Garmisch zu holen: Zum einen die Oper »Salome« von Richard Strauss und Oscar Wilde. Dafür reisten mein Partner und ich nach New York und viele andere Orte, um mit Waleri Gergijew und seinem Mariinsky-Theater diese Oper zu realisieren. Es gelang nach vielen Verhandlungen dieses Werk im Rahmen der Richard-Strauss-Tage zum ersten Mal im Passionstheater Oberammergau aufzuführen. In dem heiligen Haus waren bis dahin nur die reinen Passionsspiele erlaubt. Und nun zum ersten Mal in der ca. 300-jährigen Geschichte des Hauses wurde ein »weltliches« Werk zugelassen. Wir waren sehr stolz darauf. Dieses Ereignis fand am 23. Juni 1995 statt.

Zum anderen gelang es mir, drei der bedeutendsten deutschsprachigen Musik- und Sprachwissenschaftler nach Garmisch einzuladen. Es waren die Professoren August Everding, Joachim Kaiser und Marcel Reich-Ranicki, die nach vielen Gesprächen das erste Mal zusammen auf einer Bühne diskutierten. Wir waren glücklich, dass der 3sat/ZDF sowohl die »Salome« als auch einen Tag später, am 24. Juni, das Gespräch der drei großen und eloquenten Meister aufzeichnete.

Die Oper »Salome«, ein Einakter von Oscar Wilde, erhielt ihr Libretto von Richard Strauss selbst (nach Oscar Wilde). Strauss hatte schon früher ganz eigenständige Libretti zu seinen Opern geschrieben: So z.B. für seine erste Oper »Guntram«, noch ganz im Stile Wagners, der ja auch der Verfasser seiner Opernlibretti war. Strauss änderte diese Praxis erst, nachdem er Hugo von Hofmannsthal als kongenialen Librettisten für seine Werke gefunden hatte.

Ein Blick zurück in die Frühzeit der Oper, als die Frage »Prima la musica« oder »Prima le parole« noch völlig ungeklärt war.

Seit Giulio Caccini zu Beginn des 17. Jahrhunderts den Kontrapunkt als den Zerstörer des Wortsinnes attackierte, wurde der Leitsatz: »Prima le parole, dopo la musica« (zuerst der

Text, dann die Musik) zum ästhetischen Postulat der Opernkomponisten, nicht nur Italiens. Zu Beginn des 18. Jahrhunderts formulierte der Hamburger Opernlibrettist Berthold Franz nicht weniger lapidar: »Die Musik ist wegen der Verse da, nicht umgekehrt«, und kein Geringerer als Christoph Willibald Gluck argumentierte 1769 im Vorwort zur Oper »Alceste« eindringlich für den Vorrang der dichterischen Vorlage: »Ich suchte die Musik zu ihrer wahren Bestimmung zurück zu führen, die darin besteht, die Poesie zu unterstützen …«. Dennoch waren die Ansichten über das Verhältnis von Poesie und Musik nicht mehr so einhellig wie ehedem. Das Wort begann sein absolutes Primat über die Musik zu verlieren. Schon ab 1778 äußerte sich Mozart, unter dem Einfluss der modernen italienischen Oper seiner Zeit stehend, in einem Brief: »…und ich weiß nicht, bei einer Oper muss schlechterdings die Poesie der Musik gehorsame Tochter sein …«.

Kommen wir zurück zu Richard Strauss. Als der Dichter Stefan Zweig nach unverbrauchten Stoffen für Richard Strauss suchte, faszinierte

ihn der Titel »Prima la musica e poi le parole«.
Zweig erkannte instinktiv, dass dieser Stoff, der
das Grundproblem der Opernästhetik anschnitt,
einem Komponisten wie Richard Strauss glän-
zende Möglichkeiten zu einem künstlerischen
Lehrstück bot. Als Strauss von dem neuen Plan
seines Librettisten erfuhr, stimmte er spontan zu
und bat Zweig, das Szenario zu entwerfen. Da
dieser wegen der politischen Verfolgung als
offizieller Mitarbeiter ausschied, wandte sich
Strauss an Joseph Gregor und veranlasste ihn,
sich mit Zweig in der Schweiz in Verbindung zu
setzen. In gemeinsamen Gesprächen am Züri-
cher See modellierten beide Szene um Szene der
neuen Oper, die inzwischen den Titel »Capriccio« erhalten hatte. Als erste Figur entstand der
gebärdenreiche Schauspieldirektor, dem sie stark
karikierte Züge Max Reinhardts verliehen.
Dann, 1935, brach die Zusammenarbeit ab. Erst
im Jahre 1939 kam Strauss auf die Farce Castis
zurück. Am 14. September 1939 wandte er sich
hilfesuchend an Clemens Krauss: »...ich mag eigentlich keine Oper mehr schreiben, sondern
möchte mit dem Casti etwas ganz Ausgefallenes,

eine dramaturgische Abhandlung, eine theatralische Fuge schreiben.«. Krauss fing den Ball auf und entwickelte einen brauchbaren Plan, riet aber schließlich, Strauss solle das Stück selber schreiben, wie beim »Intermezzo«. Strauss folgte dem Rat, zog aber Clemens Krauss immer mehr in die Ausarbeitung hinein, so dass dieser schließlich vom bloßen Ratgeber und Mentor in historischen Detailfragen zum eigentlichen Librettisten avancierte. Strauss hatte den Dichter des »Capriccio« gefunden. In diesem Konversationsstück über die Abhandlung und Bedeutung von Musik und Wort bleibt schließlich die Frage offen, welche der beiden die Dominanz hat.

Das gilt auch für andere kongeniale Librettisten und Komponisten, für die Arbeiten von Lorenzo da Ponte (für Mozart), Arrigo Boito (für Verdi) oder Hugo von Hofmannsthal (für Richard Strauss). Ebenso unbestreitbar ist die Tatsache, dass ohne diese guten Texte die hierauf komponierte Musik nicht entstanden wäre. Es muss also irgendetwas an dem Stoff und seiner sprachlichen Verarbeitung den Komponisten zur Vertonung gereizt.

Und so schließt auch unsere hier vorgestellte Diskussion in kryptischer Betrachtung:

August Everding beschließt die Veranstaltung mit einem Zitat des Gesprächs zwischen Flamand und Olivier aus »Capriccio«: »Da sind wir also, verliebte Feinde, freundliche Gegner. Wort oder Ton? Wie wird er entscheiden: Prima le parole – dopo la musica! Prima la musica – dopo le parole!. Ton und Wort sind Bruder und Schwester. Ein gewagter Vergleich!«

Dem Westend Verlag und Herrn Karsten sei gedankt, dass er nach einer Fernsehübertragung im 3sat spontan beschloss, das Gehörte und Gesehene auch in Buchform herauszubringen.

Auch posthum ist es uns ein Anliegen, den drei großen Persönlichkeiten zu danken, dass sie uns ein schönes und lebendiges Beispiel einer Diskussion über ein Hauptthema der Oper hinterlassen haben.

Manfred Frei
Gautingen bei München, 2018

Prima la musica

Everding:

Seit sieben Jahren,[*] meine Damen und Herren, wird auch bei den Richard-Strauss-Tagen gestritten; und so hoffentlich auch heute. 1989 haben wir gestritten, wie man Richard Strauss heute inszenieren sollte. Dann von der *Elektra* zum *Rosenkavalier*: Fortschritt oder Umkehr? Dann die Person Richard Strauss: Kein Heldenleben, ein *Heldenleben*? Die schlimmen Nietzsche-Brüder Philosophie und Religion bei Herrn Strauss. Und dann Richard Strauss: Ein Reaktionär inmitten der Moderne? Und: Richard Strauss und Bayreuth.

---

[*] gemeint ist 1989

Aber heute geht es um Prima la musica, e poi le parole: Zuerst die Musik, dann die Worte? Ein langes Streitgespräch, seit Jahrhunderten diskutiert man darüber. Im 17. Jahrhundert in Italien hat man natürlich gesagt: »Nein, zuerst die Worte – prima le parole – und dann erst die Musik.« Aber Gluck hat ganz eindringlich für den Vorrang der Dichtung plädiert. Mozart, der schrieb 1778, dass bei einer Oper schlechterdings die Poesie der Musik gehorsame Tochter sein müsse. Und schließlich hieß ein Libretto vom berühmten Giambattista Casti *Prima la musica e peu de parole*. Das hat Antonio Salieri dann übernommen und eine Oper komponiert, die mit Mozarts *Schauspieldirektor* zusammen uraufgeführt wurde. 150 Jahre später, da fand der Stefan Zweig dieses Textbuch *Prima la musica* und hat gesagt: »Mensch, das ist ein herrlicher Stoff für Richard Strauss«, und Strauss stimmte spontan zu. Daraufhin schrieb er Clemens Krauss, er wolle eigentlich keine Oper mehr komponieren, aber mit dem Casti möchte er etwas ganz Ausgefallenes, eine theatralische Fuge schreiben: Verstandestheater, Kopfgrütze, trockene Witze. Und heraus kam *Ca-*

priccio. Und wie sagt der Theaterdirektor La Roche in *Capriccio*: »Der Arie ihr Recht, auf die Sänger nimm Rücksicht, nicht zu laut das Orchester.« Und was sagt der Diener in *Capriccio*? »Eine Oper, was ist das? Ein Unsinn, den man singt, weil er zu dumm ist, um gesprochen zu werden.« Aber, das kann man doch von Lorenzo da Ponte und von Hofmannsthal wohl nicht sagen. Gibt es überhaupt eine prima und eine secunda? Vor allem bei Strauss? Darüber diskutieren mit mir Professor Joachim Kaiser und Professor Marcel Reich-Ranicki. Ich begrüße voller Ehrfurcht zwei Börne-Preisträger. Sie wissen, Börne vereinte in seinem Leben, was unvereinbar schien, aber über seinen Preis hat er zwei vereinigt, Reich-Ranicki und Kaiser, das ist schon was. Meine Herren, gibt es eigentlich bei Börne so etwas wie ein Opern-Libretto?

Reich-Ranicki:
Nein.

Everding:
Nichts?

Reich-Ranicki:

Nein. Er hat sich viel mit Opern beschäftigt und auch allerlei darüber geschrieben. Wer hat nicht über Opern geschrieben? Das ist ja ein dankbares Thema, da kann jeder sagen, was er will.

Everding:

Als Börne sagte: »Ich möchte belehren und fürchte zu gefallen. Ich möchte raten und fürchte zu belustigen. Ich möchte einwirken auf meine guten Mitbürger und ihren Ernst ansprechen. Und ich fürchte, Lachen zu erregen.« Das hat er nicht zu uns gesagt. Nein, nein, überhaupt nicht. Aber es war schön, als ich das fand.

Kaiser:

Ja, aber es stimmt natürlich nicht. Der Börne hat zum Beispiel einen hinreißenden Essay über ein blamables Konzert der Sängerin Henriette Sonntag geschrieben, das völlig überfüllt war. Die Leute kamen kaum rein und einer wurde sogar ohnmächtig und musste wieder rausgetragen werden. Alle sprachen ihn darauf an, wie wunderbar er die Henriette Sonntag blamiert habe. Also ein bisschen gefallen wollte er auch.

Everding:
Jaja, der kannte uns schon. Schauen Sie, es ist so, Herr Reich-Ranicki, Wolfgang Koeppen hat gesagt: »Er«, also Sie, »schreibt über mich, also bin ich.« Ich wandele ab: »Er streitet sich manchmal mit mir, also darf ich sein.« Sie haben gesagt, dass die meisten Dichter von Literatur nicht mehr verstehen als die Vögel von Ornithologie. Was verstehen Sie von Musik?

Reich-Ranicki:
Einen Augenblick, Herr Everding, Sie haben jetzt, was Sie nicht tun sollten, drei Probleme in eineinhalb Fragen gepackt und ich muss jetzt auf jede Sache einzeln eingehen. Zunächst, dieser Satz, die Dichter verstehen so viel von der Poesie, wie die Vögel von Ornithologie, klingt seltsam, aber er ist ernst gemeint, sogar sehr ernst gemeint. Ein guter Dichter – und das gehört bedingt zu unserem Thema, aber ich muss das hier sagen – jeder bedeutende Dichter hat

eine bestimmte Konzeption von der Poesie und der Literatur. Und damit ist er ungeeignet, Literatur zu beurteilen. Warum versteht er davon nichts? Natürlich versteht er in einem gewissen Sinn sehr viel davon, aber er sieht die Literatur eben aus seiner persönlichen Sicht, von seiner subjektiven Konzeption her. Friedrich Schlegel, den ich liebe und bewundere, hat einmal gesagt: »Goethe ist zu sehr Dichter, um Kunstkenner zu sein.« Ein fabelhaftes Wort von dem Schlegel. Er hat genau gewusst, dass dieser Goethe in seiner poetischen Welt lebt und alle seine Nachahmer liebt und bewundert. Den Zacharias Werner hat er beispielsweise sehr geschätzt, aber als etwas anderes kam, was Neues, ein richtiges Genie, wie etwa Kleist, wurde er ängstlich, der Goethe. Er sagte, das sei etwas Gefährliches, etwas Krankes. Dumm war er natürlich nicht, er hat den Kleist schon aufgeführt, Den zerbrochenen Krug in Weimar, aber er hat das Neue, das Fremde gespürt. Oder, um ein Beispiel aus unserem Jahrhundert anzuführen: Bertolt Brecht, der alle schätzte, die Bertolt Brecht nachahmten und von anderen Leuten mit Talent möglichst wenig wissen wollte, denn das waren in seinen Augen Konkurrenten. Ich glaube, wir werden dann auf die Frage, was ich von Musik verstehe, noch eingehen, aber ich glaube, mein Freund Kaiser möchte hier anknüpfen.

Everding:
So leid es mit tut, wir bleiben da bei dem Prima. Sie haben mir einmal gesagt, bei einem unserer schönen Streitgespräche, sie wären ja eigentlich am liebsten Dirigent und zwar so eine Mischung aus Furtwängler und Bernstein. Ist damit die Frage »Prima la musica?« schon beantwortet? Wären Sie eigentlich viel lieber Musiker als Literat?

Reich-Ranicki:
Nein, das ist nicht richtig. Ich habe gesagt, ich wäre schon gerne Dirigent geworden, aber auf der Ebene von Furtwängler und Bernstein, das stimmt. Wenn ich träume, erlauben Sie mir, dass ich auch richtig träume. Aber ich bin Dirigent vor allem aus einem Grunde nicht geworden, weil mir die Musikalität und das Talent fehlen.

Es gibt natürlich Dirigenten, bei denen sich das zwar ähnlich verhält, die aber dennoch Dirigenten geworden sind, weil sie das nie erkannt haben, aber ich weiß das und bin deswegen doch lieber Literat geworden. Welcher Beruf schöner ist? Wissen Sie, es kommt darauf an, auf welcher Ebene und von welchem Talent wir sprechen. Wenn man so komponieren kann wie, sagen wir, Stockhausen oder so schreiben kann wie Thomas Mann, dann will ich lieber Schriftsteller sein, dann schon lieber Schriftsteller und nicht Komponist. Aber es kommt eben darauf an, auf welcher Ebene und mit welchem Talent.

Everding:
Schön, also entweder Wilhelm Furtwängler oder Thomas Mann, ja?

Reich-Ranicki:
Na ja, wenn schon, denn schon.

Everding:

Herr Kaiser, kann man ein Libretto überhaupt unter den Kriterien allgemeiner Literaturkritik beurteilen?

Kaiser:

In manchen Fällen kann man das durchaus, es gibt ja Libretti von hohem literarischem Wert. Das *Parsifal*-Libretto von Wagner könnten sie auch als Schauspiel aufführen, von der *Salome* von Strauss ganz zu schweigen, das ist ja immerhin von Oscar Wilde.

Aber ich möchte noch zurückkommen auf das, was mein Freund Marcel über die Vögel, die keine Ornithologen sind, gesagt hat. Ich glaube nämlich, dass Sie da einen Schritt zu weit gehen. Das ist ja eine Variation eines Satzes von Brecht, der hat mal gesagt, die *Mutter Courage* lernt in dem Drama so viel, wie ein Versuchskaninchen über Biologie lernt. Das ist aber nicht dasselbe, dass das Versuchskaninchen nicht vielleicht über Karnickel Bescheid weiß, sondern es geht dabei um diese Experimentalsituation. Und wenn Sie sagen, dass der Goethe laut Schlegel eigentlich kein Verständnis für Kunst in einem allgemeinen ästhetischen Sinn hatte, dann stimmt das nicht. Dass er den Kleist als erster überhaupt uraufgeführt hat, das hatte noch niemand anderes gemacht. Kleist wurde ja zeitlebens nur einmal in Graz und einmal in Weimar aufgeführt und sonst überhaupt nicht, das war eine große Tat von Goethe. Und dass ihm der Kleist unheimlich war, mit dessen Selbstmord und überhaupt mit diesem Lebenslauf, das ist eigentlich ein Zeichen von Instinkt. Hätte er den Kleist als normalen jungen Autor begrüßt, mit dem es sich gut zusammenarbeiten ließe, hätte er weniger von dessen Kunst verstanden, noch bevor er Angst vor ihm bekam. Er hat auch ein bisschen Angst bekommen vor Beethoven und hat doch gesagt, ich habe nie einen Künstler gesehen, der zusammengefasster und energischer ist, als er. Zu Deutsch: Ich glaube, dass Schlegel lange daran arbeiten kann, das zu erreichen was Goethe in seinen Schriften über Literatur oder seiner Ästhetik, zumal auch in der Farbenlehre, geleistet hat und wenn er es kritisiert, wird er seine Gründe gehabt haben. Aber jetzt zur anderen Frage nach dem Wert eines Librettos. Ich finde unser Thema impliziert etwas sehr Simples. Zuerst die Musik, dann die Worte: Das ist eine Rangfrage und es ist ganz sicherlich der Fall, dass in der Oper die Musik gewichtiger, wesentlicher ist und, dass der Affekt, den die Musik ausdrückt, wichtiger ist als das, was der Text sagt. Dass aber die Worte zuerst sind, heißt hingegen, dass zuerst das Drama, zuerst das Libretto sein muss, zuerst der Anlass, aus dem jemand so in Leidenschaft und Enthusiasmus verfällt, dass er singt, das ist gar keine Frage.

Everding:
Gestatten Sie einen Zwischenkommentar, aber das Schlussduett vom *Rosenkavalier* war zuerst komponiert und dann kamen erst die Worte dazu.

Kaiser:
Das gibt es. Trotzdem war das Konzept des *Rosenkavaliers* ein bisschen früher da, also bevor Strauss angefangen hat, es zu komponieren. Der fing nicht in E-Dur an und arbeitete vor

sich hin, bis Hofmannsthal schließlich kam und sagte: »Ich schreibe dir dazu einen ganz netten Text über eine Marschallin.« Nein, es gibt natürlich Ausnahmen. Der Mozart hat auch mal gesagt: »Ich habe tolle Ideen im Kopf und vielleicht passt das auf den Osmin. Aber an sich ist es ganz prinzipiell so, dass selbstverständlich ein Grund zum Singen da ist. Ich meine, die Oper hängt doch davon ab, dass die Leute etwas Absurdes tun. Sie haben es ja sehr schön zitiert, die Sachen werden gesungen, weil sie zu dumm sind, um gesprochen zu werden. Hier heißt es, sie werden gesungen, weil sie zu viel Affekt haben, als dass sie nur mit Sprache leben könnten und das ist doch der Sinn von Oper. Aber auf die Frage was zuerst kommt, ist die Antwort wohl, dass rein zeitlich selbstverständlich der Text den Vorrang hat und rein gewichtig wahrscheinlich die Musik.

Everding:
Herr Reich-Ranicki, sie haben, nicht in diesem Saal, aber in Garmisch einmal gesagt, dass Li-

bretti Halbfabrikate und mit wenigen Ausnahmen Librettisten minderwertige Autoren sind.

Reich-Ranicki:
Ja, aber erst erlauben Sie zuerst, dass ich Joachim Kaiser noch in der Sache Goethe-Schlegel antworte. Ich bin nach wie vor der Ansicht, dass Schlegel Recht hatte. Natürlich besaß Goethe unendlich viel Sinn für die Dichtung, und schrieb auch sehr schöne Sachen über Literatur, aber eben auch sehr törichte. So war zum Beispiel alles, was er über Kritik zu sagen hatte, vollkommen töricht und falsch. Er wollte, dass »die Kritik« für die Dichter schreibt, dass die Autoren einen Nutzen daraus ziehen können. Er verkannte völlig, dass Kritik nicht für Autoren, sondern für Leser, für das Publikum geschrieben wird. Aber Goethe hat natürlich – das spricht nicht gegen ihn, aber man darf es nicht verheimlichen – für die neue Literatur seiner Epoche, primär die Romantik, sehr wenig Sinn gehabt. Und dass die Romantiker wie Friedrich Schlegel gegen ihn rebellierten, ist schon verständlich. Ich will damit nicht sagen Goethe habe zu wenig

Verständnis für Literatur gehabt, vielleicht hatte er mehr davon als alle anderen Dichter, alle anderen Autoren je in Deutschland. Nur, selbst ein Goethe war zur objektiven Beurteilung vieler literarischer Werke nicht fähig, weil er – was man ihm nicht verübeln darf – von seinem Standpunkt, von seiner Konzeption, ausging und in ihr befangen war, genau wie Thomas Mann, Bertolt Brecht, und alle anderen wirklich großen Autoren.

Kaiser:
Darf ich dazu etwas sagen? Das stimmt natürlich, weil er ein Mensch des 18. Jahrhunderts war. Er kam aus einer anderen Zeit als die Autoren nach ihm, er war ja noch lange vor der Französischen Revolution geboren. Klar, dass ihm bestimmte moderne Entwicklungen, wie auch dem Thomas Mann, wie jedem, irgendwann mal gegen den Strich gingen. Aber wer hat über *Des Knaben Wunderhorn* die größte Kritik geschrieben, die es gibt? Und das war ja nun wirklich eine romantische Sache von Achim von Arnim. Und der Arme hat dann darauf re-

agiert, er ist doch der größte Autor, den wir je hatten. Also so ist das nicht.

Reich-Ranicki:
Na ja, aber damit er die Kritik schreibt, musste der Arnim ihm erst einmal einen Band dedizieren, ein bisschen wurde der Goethe schon bestochen.

Kaiser:
Er musste es lesen, ja.

Reich-Ranicki:
Ja, und dann hat er sich damit befangen. Also diese Hintergründe brauchen nicht verschwiegen zu werden.

Herr Everding, erlauben Sie, hier ist jetzt eine ganz wichtige Frage zum Thema von meinem Freund Joachim angeschnitten worden: Erst das Wort und dann die Musik oder erst die Musik und dann das Wort? Ganz sicher gilt für die allermeisten Fälle, für die allermeisten Opern auf dieser Erde: Erst das Wort und dann die Musik. Er hat vollkommen Recht, die Musik ist entstanden für ein bestimmtes literarisches Werk. Die Frage ist doch aber eine andere: Was ist wichtiger, was ist von uns aus gesehen heute wichtig, die Musik oder der Text? Doch nicht der Anlass. Denn, warum müssen wir verblödete – ich bin nicht bereit, mich da milder auszudrücken – verblödete Libretti ernst nehmen? Sachen, zu denen Komponisten wie Verdi komponiert haben, sind doch der letzte Schwachsinn! Ich meine, bitte entschuldigen Sie, *Der Troubadour* ist doch eine schreckliche Geschichte, ganz schlimm.

Oder *Rigoletto*, was ist das für eine Kitsch-Story, der *Rigoletto*? Aber, wir müssen alle diese Texte ernst nehmen, aus einem einzigen Grund, nämlich weil der Komponist die Musik ernst genommen hat, nur deshalb. Sonst lohnt es sich nicht, die Texte ernst zu nehmen.

Jetzt haben Sie die Frage gestellt, ob ein Libretto überhaupt Literatur ist?

Everding:
Ob man Libretti unter den Kriterien der Literatur überhaupt beurteilen kann.

Reich-Ranicki:

Nein, es ist zu 99 Prozent miserable Literatur und überhaupt keine Literatur, sie haben nichts mit Literatur zu tun.

Everding:

Da muss ich sie unterbrechen, denn wir müssen unterscheiden: Es gibt Libretti, die werden für einen Komponisten geschrieben, und es gibt Libretti, die sich der Komponist aus der Literatur nimmt, das ist die sogenannte Literaturoper, damit hat der Dichter nichts zu tun.«

Reich-Ranicki:

Nein, nein, nein, das stimmt nicht, was Sie eben gesagt haben! Das können Sie nicht sagen!

Everding:

Natürlich. Der *Lear* von Reimann, den hat er doch von Shakespeare genommen, der hat ihn eben schreiben lassen.

Reich-Ranicki:

Nein, nein, nein. Ein Libretto ist ein von einem Autor verfertigter Text für eine Oper. Sie können heute nicht sagen, der *Woyzeck* von Georg Büchner ist ein Libretto, weil Alban Berg daraus eine Oper gemacht hat. Wir müssen genau unterscheiden, das sind zwei vollkommen verschiedene Dinge. Reden wir über ein Libretto oder reden wir über Komponisten, die aus Verzweiflung über den Dreck, der an Libretti produziert wird, fertige Dramen von Kleist oder beispielsweise von Büchner genommen und vertont haben. Aber das ist doch kein Libretto!

Everding:

Nein, aber trotzdem, lieber Herr Reich-Ranicki, Widerspruch. Wir kommen heute noch auf Wagner zu sprechen, der hat sich doch nicht aus Widerspruch, weil es Mist ist, selbst die Texte geschrieben.

Reich-Ranicki:

Ja, warum denn?

Everding:

Nicht, weil es keinen anderen gab, sondern weil er es besser konnte. Warum hat Lortzing die eigenen Texte geschrieben?

Reich-Ranicki:

Lortzing-Texte und Wagner-Texte sind wieder zwei verschiedene Themen …

Everding:

Richtig, natürlich. Wir haben gemeint, wir sollten heute unbedingt über die Komponisten sprechen, die das Thema berühren: Mozart, Verdi, Wagner, Strauss, die dürfen wir nicht auslassen. Und dann kommen wir auf sehr viele Texte. Herr Kaiser, bitte.

Kaiser:

Ich möchte dir ganz ausführlich, lieber Marcel, widersprechen, bei dem, was du über Verdis schlechte Texte gesagt hast. Der Verdi hat, als er die *Aida* schrieb, zu seinem Textmann Ghislanzoni gesagt, »Es kommt mir auf Folgendes an: Es kommt mir darauf an, dass da eine *Pa-*

rola Scenica ist«, in einer Szene ein ganz wichtiges Wort, dieses Wort zeigt an was die Szene bedeutet – Leidenschaft, Eifersucht, Flucht, was weiß ich – »und diese Szene mache ich. Die übrigen Worte sind mir literarisch nicht so wichtig, die sind gewissermaßen Vehikel für die Musik.« Das heißt also nicht, dass sie schlecht sind, sondern das heißt, dass man weiß, darüber wird Musik gemacht und die Szene hat den Sinn und wer den Terminus *Parola Scenica* nicht kennt, der kann dann nur leise mitreden. Und da ist noch etwas: *Der Troubadour* ist gar kein schlechter Text, sondern ein halber Text. Bei dem *Troubadour* kam es dem Verdi und dem Textdichter darauf an, dass man in jeder konkreten Szene weiß worum es geht. Dass man die Vorgeschichte nicht begreift, und dass das vollkommen verwirrend ist, welche Zigeunerin welches Kind mit welchem anderen vertauscht und dann mit sich selbst verbrannt hat, ist hingegen völlig egal. Aber die Szenen selber, wenn da einer leidet oder wenn da einer will oder wenn die Frau was möchte, die sind ganz klar. Das heißt, es kommt bei dieser Art von Oper, die ja nicht eine sinfonische Oper oder ein Musikdrama ist, darauf an, dass man innerhalb der Szene ganz genau weiß, welcher Affekt angesprochen wird und nicht pedantisch wie ein Oberlehrer oder eben wie ein Dramaturg fragt: »Wie kommt das eigentlich und was war die Vorgeschichte und warum ist jetzt dieser arme Troubadour so eifersüchtig?« Man sieht, er ist eifersüchtig und das komponierte Verdi und das versteht man auch ganz klar, infolge ist der Text nicht schlecht.

Reich-Ranicki:
Darf ich dazu etwas sagen? Ich bin gewohnt, dass man bei literarischen Werken, Romanen, Dramen, Gedichten, überall fragen darf: »Warum ist es so, was bedeutet es, was wollte der Autor?« Alles ist immer erlaubt. Nur bei der Oper darf ich nicht fragen, warum die das Kind verbrannt und er das Kind vertauscht hat. Warum nicht? Weil es meist schwachsinnige Texte sind! Jetzt kommen Sie mir nicht mit den paar Beispielen, die nicht schwachsinnig sind. Wir dürfen diese Fragen stellen und diese Fragen ergeben bei vielen Opern von Verdi gar nichts.

Aida, ja kein Zufall, das ist ja der ganz späte Verdi, ganz am Ende. *Aida*, *Falstaff*, *Othello* noch, das sind ja ernst geschriebene Libretti.

Kaiser:
Na ja, aber die ganzen Schiller-Vertonungen von Verdi, die früher waren, sind ja auch nicht direkt unernst.

Reich-Ranicki:
Also ich meine, wer *Die Räuber* mal gelesen hat und dann diese Oper von Verdi sieht, kann nicht ganz ernst bleiben. Ich bitte um Entschuldigung, also ganz ernst kann man dabei nicht bleiben.

Everding:
Könnten wir uns einigen, dass …

Reich-Ranicki:
Nein.

Everding:
Nein, Herr Reich-Ranicki, wenn aus einem Stoff ein Libretto wird, dann wird der Text nach

primär theatralischen Gesichtspunkten ausge-
sucht, und nicht nach literarischen, das kann
man doch sagen?

Reich-Ranicki:
Ja, selbstverständlich. Literarische Gesichts-
punkte haben beim Libretto überhaupt nichts
zu sagen. Darunter hat ja der Strauss so gelitten,
weil der Hofmannsthal immer an seine Literatur
gedacht hat, damit wollte doch Strauss nichts zu
tun haben.

Kaiser:
Also als Historiker muss ich da leider Gottes sagen, dass es natürlich im 18. Jahrhundert bei
der Opera Seria anders war. Da stand der Textdichter im Mittelpunkt, Metastasio war der
Held des 18. Jahrhunderts und deshalb mussten
ja in der Opera Seria auch die Texte so vertont
werden – es durfte keine Duette und Terzette geben – damit man alles verstand, es durfte nicht
mal Chöre geben. Der Text von Herrn Metastasio, der ein bedeutender Dichter war, stand im
Mittelpunkt und daran haben sich auch alle ge-

halten und waren stolz, wenn sie etwas von ihm komponieren konnten, das muss man also auch wissen.

Reich-Ranicki:
Darf man das ergänzen?

Kaiser:
Ja.

Reich-Ranicki:
In einem literarischen Werk, ganz egal ob es ein Gedicht ist oder ein Roman oder eine Novelle, kommt es vor allem auf eins an, auf die Sprache, darüber sind wir uns im Klaren. Diese ist bei einem Libretto aber hindernd und nicht förderlich. Das ist doch das Unglück des Librettos! Da schreibt einer einen Text und er kann nur einen Operntext schreiben im 20. Jahrhundert, wenn er literarisch minderwertig ist. Ein guter Autor schreibt doch keine »Texte«! Den Fall Hofmannsthal werden wir extra besprechen müssen. Es ist doch unter der Würde eines Autors, eines Literaten, einen Text zu schreiben,

den niemand liest, niemand hört, der vertont wird und den man im Opernhaus überhaupt nicht versteht. Ich meine das ist doch die Tragödie von Hofmannsthal gewesen, dass er den *Rosenkavalier* geschrieben und gelitten hat, Strauss habe ihm alles kaputtgemacht. Das steht nicht in den Briefen von Hofmannsthal an Strauss. Dort hat er geschrieben: »Es gibt keinen auf Erden, den ich so liebe und bewundere, sie haben alles so herrlich gemacht.« Aber man muss die anderen Briefe lesen: Er war tief unglücklich und man versteht ihn, denn er wollte, dass die Leute den Monolog der Marschallin hören, aber nicht, dass er gesungen wird. Da verstehen die Leute gar nichts. Mir hat ein Freund vor drei Tagen in Frankfurt, ein Musiker und Jurist in einem, etwas sehr Schönes gesagt: »*Der Rosenkavalier*? Der Text ist gut, natürlich, aber wer den genießen will in der Oper, der muss ihn auswendig können.« Ich kann den *Rosenkavalier*-Text auswendig, das ist ein Vergnügen, den *Rosenkavalier* von Strauss zu hören. Aber sonst achtet man doch auf die Musik und nicht auf den Text. Wir hören bei der Marschallin dann plötz-

lich, die Zeit sei ein sonderbares Ding, das hören wir, aber die nächsten Zeilen gehen schon in
der Musik unter. So ist das, die meisten Sänger
und Sängerinnen können das gar nicht, die singen gut, aber die bringen den Text nicht deutlich
genug. Und auch die Sache mit dem Hundert-
Mann-Orchester, ein gigantisches Orchester.
Natürlich wäre dem Hofmannsthal lieber, wenn
alle Opern, die er geschrieben hat, mit dem
»Ariadne–Orchester« gemacht würden.

Everding:
… oder von Lehár vertont wären.

Reich-Ranicki:
Halt, halt, halt, das ist wieder eine andere Ge-
schichte mit der Lehár-Anekdote. Die Lehár-
Anekdote über Hofmannsthal ist nicht so blöd.
Ich hab es Ihnen neulich erzählt, soll ich sie hier
noch mal erzählen?

Everding:
Später, später …

Reich-Ranicki:
… die ist nicht so blöd.

Everding:
Nun, eins, meine Herren, kann man doch fest-
stellen: Bei guten Musikwerken, über die sprechen wir ja jetzt, legt auch der Komponist Wert
darauf, dass das, was wichtig ist, verstanden
wird. Dann macht er das in einem *Secco*, aber
wo die Musik die Sprache ergänzt und übersetzt, da brauche ich doch etwa bei einem Quartett, Quintett von Mozart die Sprache nicht
mehr, da ersetzt doch die Musik die Sprache.
Und wenn der Text verstanden werden muss,
wegen des Wortwitzes, hat der Komponist ein
Rezitativ, ist das richtig?

Kaiser:
Nein.

Reich-Ranicki:
Nein, ist nicht richtig.

Kaiser:

Das ist falsch und zwar aus einem ganz einleuchtenden Grund. Wenn dem so wäre, wäre die Musik ja eine bloße Verdoppelung des Textes, dann wäre sie eigentlich nicht nötig, im Gegenteil. Ich halte es übrigens für falsch zu sagen, dass man den Monolog der Marschallin nicht versteht. Ich bin sehr dafür, dass Opern in deutschen Übersetzungen gesungen werden, weil tatsächlich kein Mensch Italienisch versteht oder gar Russisch. Aber dass man bei Richard Strauss die Melancholie der Marschallin im ersten Akt versteht, die hier fast ihren letzten Liebhaber hat, ist doch ziemlich eindeutig. Das geht ja aus dem Terzett am Schluss hervor und da gebe ich Ihnen Recht, das Terzett kann man nicht verstehen, weil drei zusammen singen. Verstehen heißt doch nicht, dass man jedes Wort heraushört, das verstehen Sie auf der Sprechbühne nicht, zumal heute nicht, wo Schauspieler heute nicht mehr sprechen können, sondern man versteht aber doch den Sinnzusammenhang, man versteht sehr viele Worte, man legt es sich zurecht. Und ich finde es eigentlich nicht zu viel verlangt, dass jemand, der in ein Kunstwerk vom Range des *Rosenkavaliers* geht – und die Marschallin ist doch eine der Gestalten, die der Richard Strauss der Welt geschenkt hat –, der kann sich doch vielleicht auch ein bisschen vorbereiten, verdammt noch mal. Das ist doch denkbar, dass man dann mal im Text nachliest, zumal wenn man es das zweite oder dritte Mal hört und immer die gleichen Stellen versteht und immer die gleichen nicht.

Reich-Ranicki:
Daraus wird nichts mit dem Vorbereiten, das gibt es nur in Deutschland. Theater und Oper sind schwere Arbeit, man muss erst alles genau lesen, mit dem Klavierauszug in der Hand. Das tun die Leute nicht, die lesen den *Stern* und nicht den *Rosenkavalier*. Ich glaube nicht, dass man damit rechnen kann. Und wenn jemand in ein Konzert geht, soll er vorher erst die Brahms-Partitur der Sinfonie zu Hause studieren? Daraus wird nichts.

Everding:
Eine Kritik von Kaiser lesen.

Reich-Ranicki:
Ja, das befürworte ich ganz!

Kaiser:
Moment. Ob man einen Text versteht, kapiert, das kann man nachprüfen, verstehen Sie? Wenn sie zum Beispiel ins *Rheingold* gehen und haben den Text überhaupt nicht gelesen, dann haben sie den langweiligsten Opernabend der Erde vor sich, denn sie werden tatsächlich nicht viel verstehen. Und dass das ein großes politisches Stück ist, darüber wie jemand zum Diktator wird, werden sie nicht merken.

Reich-Ranicki:
Aber die Musik ist trotzdem ganz gut zum *Rheingold*, die bereitet mir auch Spaß.

Kaiser:
Ja, aber das sind doch nur zwei Arien, Weibes Wonne und Wert und dann ist es schon

aus. Nee, also die Musik alleine ist ohne Text schlecht. Aber Sie kommen doch auf die ganzen Differenzierungen nicht, Sie kommen doch nicht darauf – darüber werden wir ja auch noch zu reden haben – dass der Text manchmal etwas anderes sagt und die Musik geht unendlich darüber hinaus. Denken Sie mal beispielsweise an die *Entführung aus dem Serail* von Mozart, das finde ich immer ein tolles Beispiel: Da ist am Ende des zweiten Aktes der Belmonte und befreit die Konstanze und den Pedrillo und fragt die beiden dann: »Sagt mal, seid ihr eigentlich auch treu geblieben, das war doch hier ganz nett mit diesem Bassa Selim«, und die Blonde fragt den Pedrillo auch: »Sag mal, wie ist denn das gewesen?« Und da gibt es dann so einen richtigen Krach wie in der Operette, der Krach zwischen Liebespaaren, die kriegen eine Ohrfeige, dass sie so was fragten und so weiter. Und was macht die Mozartsche Musik dazu? Sie hat einen riesigen langsamen Choral. Das ist ein großartiges Quartett, da merkt man, da ist plötzlich die Frage offen, ob die Welt wirklich sinnvoll geordnet ist und ob Menschen lieben können oder nicht. Davon war bei dem Text nicht andeutungsweise die Rede. Aber das merken sie doch gar nicht, wenn Sie den Text nicht kennen und nicht verstehen.

Reich-Ranicki:
Alles sehr richtig und gilt alles für die Kritiker.

Das kannst du von einem Kritiker erwarten, nicht aber von dem größten Teil des Publikums. Es ist eine Überforderung des Publikums, immer wieder zu sagen: »Ihr müsst lernen, ihr müsst lesen, ihr müsst euch vorbereiten!« Kunst ist vor allem dazu da, Menschen Freude und Genuss zu bereiten. Und Mozart hat seine Opern geschrieben, damit die Leute ihren Spaß daran haben. Dass die meisten Leute die vielen Nuancen und Finessen in der *Figaro*-Partitur oder übrigens auch im *Cosi*-Libretto gar nicht verstehen, ist ja das Übliche, damit muss man doch rechnen.

Aber, zurück zum Drama, mir hat da ein Wort nicht gefallen. Heute im Sprechdrama verstehen die Leute auch nur die Hälfte, weil die Schauspieler nicht richtig sprechen können, das ist erst einmal richtig. Ich bin immer wieder verblüfft, dass Leute, die nicht sprechen können, in Deutschland Schauspieler werden. Merkwürdig, aber das ist nun mal so. In meiner Jugend wurde herrlich gesprochen, vor allem in Berlin, wo ich aufgewachsen bin, da gab es Dutzende von Schauspielern, von denen jeder meisterhaft sprechen konnte. Jetzt weiter: Wenn ich ein Drama sehe von Schiller oder Goethe, bin ich doch dafür, dass man jedes Wort versteht. Dass natürlich irgendein bisschen, ein kleiner Prozentsatz verloren geht, leider, leider, aber es ist schade drum. In der *Iphigenie* ist es schade drum, wenn was verloren geht und beim *Tasso* auch. Und wenn man noch bedenkt, dass die Regisseure, Ihre Kollegen Herr Everding, noch mit dem Rotstift die Stücke zusammenstreichen, dann möchte ich wenigstens das, was nicht gestrichen ist, richtig verstehen.

Everding:
Herr Reich-Ranicki, keine Verteidigung des Schlechtsprechens, wahrlich nicht, nur eine Erklärung: Weil man in den 20er-Jahren und hinterher so wunderbar und so herrlich bardenhaft

gesprochen hat, beispielsweise in Wien am Burgtheater, aber auch überall sonst herrlich sprach, war der Bruch damit in den 1968er-Jahren, die ich nicht verteidige, auch eine Befreiung. Man wollte nicht mehr Barde sein auf der Bühne, man wollte normal sprechen. Dass sie da unverständlich waren ist eine schreckliche Nebenerscheinung. Aber das war die geschichtliche Ergänzung der Schauspieler, sie wollten sich nicht mehr verbal prostituieren. Jetzt fängt es wieder an sich umzukehren. Es war von den 70er Jahren an schrecklich, keiner wollte mehr sprechen können, nicht nur dass sie es technisch nicht konnten, sie wollten es nicht mehr, sie wollten ja auch gar nicht vom Publikum verstanden werden, so hochmütig waren sie.

Reich-Ranicki:
Sie sagen das entscheidende Wort. Wir haben viele Schriftsteller, die wollen gar nicht verstanden werden. Wissen Sie, es gibt ja Dramen wo man sagt: »Das Stück ist ja so langweilig« – Ja, darauf kommt es doch an, das ist der Witz des Stückes, die Langeweile!

Everding:

Nein, das ist zu leicht, nein, nein. So geht es nicht. Denn schauen Sie, eine Bemühung um einen Text, auch um Musik, ist ja an sich nichts Schlimmes und das hat auch nichts mit Bildungsbürgertum zu tun.

Kaiser:

Was wären wir ohne Bildungsbürger, das hier im Publikum sind welche. Wer am Samstagvormittag zu so einer Veranstaltung geht, der ist sicherlich kein Revolutionär …

Everding:

Na, Hunderttausende schauen zu.

Kaiser:

»Wo käme die schönste Bildung her, wenn sie nicht vom Bürger wär´«, sagte Goethe. Und die Leute, die uns lesen und die Sie verehren, das sind Bildungsbürger.

Everding:
Also, so ein Satz von Wagner, das muss ich sagen: »Wehret den Kuss des verworfenen Weibes nicht« – Das ist doch noch schöner, wenn es gesungen wird, oder nicht?

Kaiser:
Nein.

Everding:
Ist das nicht wunderbar?

Reich-Ranicki:
Aber mein Lieber, gucken Sie mal, Ihr redet hier immer wieder von der Bemühung des Publikums, die nötig, erforderlich ist, zu der das Publikum auch bereit ist, damit das Publikum die Werke richtig genießen kann und so weiter. Mich interessiert eine andere Bemühung und da wir gerade in Garmisch-Partenkirchen sind, sollte davon die Rede sein. Es geht um die Bemühung des Dichters oder des Komponisten oder beider zusammen, dass das, was sie machen verständlich ist und Vergnügen bereitet.

Gucken Sie sich doch an wie der Strauss ein Leben lang darum gekämpft hat, wie er dem Hofmannsthal geschrieben hat: »Das ist nicht klar, das ist nicht verständlich, das deuten sie nur an, das genügt nicht!« Recht hat er gehabt! Wie er sich um Pointen bemüht hat, wie er immer wieder den weltfremden – halb weltfremden – Hofmannsthal auf die Erde zurückbrachte. Gott sei Dank hat er das getan, sonst wären alle diese Libretti von ihm so weltfremd geschrieben wie sein Drama *Der Turm*.

Kaiser:

Ich bin auch der Ansicht, dass die Menschen nicht dazu da sind, im Namen der Kunst zu leiden. Aber ich finde es ganz falsch, wenn du quasi unterstellst, dass man ausschließlich zum Vergnügen und zum Spaß hingeht und wenn der Autor einem das nicht liefert, dann war es halt nichts. Kunst hat manchmal ein gewisses Niveau, hat manchmal eine gewisse Kultur, setzt infolgedessen – auch wenn man Klavierspielen oder eine Sprache lernt – manchmal Durststrecken voraus. Ich glaube nicht, dass irgendjemand Tolstois *Krieg und Frieden* durchliest, ohne dass er sich auch manchmal bei diesen historischen Erörterungen ein bisschen langweilt. Das heißt, man kann nicht sagen, es muss alles so sein, dass ich, wenn ich auch total fremd bin, keine Ahnung habe, unvorbereitet hingehe, und dann nicht gleich begreife, was mit der *Elektra* gemeint ist, dann ist der blöde Hofmannsthal schuld. Das geht nicht.

Reich-Ranicki:
Nein, nein, nein. Das habe ich nicht gemeint.

Kaiser:
Also, es muss viel schwerer sein. Und übrigens mit der Erleichterung: Ich gebe mir immer Mühe *Die ägyptische Helena* zu verstehen, so ganz gelungen ist es mir nicht. Herr Prawy[*] weiß, was

---

[*] Marcel Prawy (1911–2003), der später noch zu Wort kommen wird, war ein österreichischer Opernkritiker und Dramaturg. Er war eng befreundet, mit vielen Künstlern, wie Leonhard Bernstein, Placido Domingo oder

da drin steckt, aber ich nicht. Das finde ich viel zu schwierig.

Everding:

Und eins, lieber Herr Reich-Ranicki: Wenn alles über den Verstand zu verstehen geht, dann weiß ich nicht, was ich mit der Poesie mache, die verstehe ich nämlich überhaupt nicht.

Reich-Ranicki:

Darf ich es jetzt gleich erklären, lassen Sie mich mal. Also, ich bin dagegen, dass wir davon ausgehen, dass die Menschen in die Oper gehen, weil sie die große Oper genießen oder eine Tragödie von Shakespeare sehen wollen, das ist alles falsch, das stimmt nicht. Das gilt für einen kleinen Prozentsatz des Publikums. Die Leute gehen ins Theater, um den *König Lear* zu sehen oder den *Hamlet*, weil sie gehört haben, dass da ein sehr bekannter Schauspieler, den sie

---

Robert Stolz. Die letzten zehn Jahre seines Lebens wohnte er im berühmten Hotel Sacher, direkt gegenüber der Wiener Staatsoper.

vom Fernsehen kennen und schätzen, den alten Lear spielt oder den Hamlet. Deshalb gehen die Leute ins Theater und das ist gut so! Leute gehen auch in Konzerte, weil sie einen bestimmten Pianisten oder Geiger hören wollen, das ist der Antrieb. Und jetzt kommt das Entscheidende und darauf kommt es an: Sie gehen in den *König Lear*, weil da ein alter großer Schauspieler den Lear spielt, gar nicht mehr wollen sie. Der Shakespeare geht sie nichts an, den Schauspieler, den wollen sie sehen! Aber: Sie gucken sich das an und plötzlich spüren sie vielleicht, dass die Geschichte von diesem König, der alleingeblieben ist, der sein Reich leichtsinnigerweise aufgeteilt hat auf die drei Töchter, und falsch aufgeteilt hat, und der dann nicht mal eine Grafschaft für sich behalten hat, der dann in der Heide herumirrt und schließlich regnet es sogar noch dabei, das ist das Schlimmste, da geht der Shakespeare zu weit, der Regen war nicht nötig in der Heide. Und plötzlich merken die Leute, das was dem König passiert ist, ist eigentlich mit meinem Sohn und meiner Tochter ein bisschen ähnlich, die möchten mir eigentlich auch alles wegnehmen. Und die, die gekommen sind um einen Schauspieler zu sehen, spüren plötzlich, dass da auch ihr eigenes Schicksal in einem Stück von Shakespeare oder Schiller oder Goethe darge-stellt wird. Das ist der Weg, nicht umgekehrt. Nicht der Bildungsbürger mit seinem »Ich muss lernen, ich muss was kennen lernen!«, nein.

Everding:
Herr Kaiser flüstert mir jetzt zu: »Alles falsch, alles falsch.« Bitte, Herr Kaiser, das geht ja nicht anders, ich hätte gerne auch geantwortet.

Reich-Ranicki:
Man muss, um die Zufriedenheit des Publikums zu erreichen, zuerst dem Publikum schmeicheln. Ich aber sage, das sind normale Menschen. Die gehen ins Theater oder in die Oper, weil eine be-rühmte Sängerin singt, ein berühmter Schau-spieler spielt und bei der Gelegenheit merken sie, dass dieser *Rosenkavalier* gute Musik ist.

Everding:

Mein Ziel ist, den Bekanntenkreis von Reich-Ranicki zu erweitern. Ich kenne nämlich andere Menschen. Herr Kaiser, bitte.

Kaiser:

Also, wäre es nur so, wie du sagst. Du hast aber so Unrecht, dass es richtig amüsant ist. Heutzutage gibt es den großen Star und auch den großen weiblichen Star aus dem Schauspiel kaum. Das ist ein Unglück. Früher ging man in Wien tatsächlich ins Theater, um die Wessely zu sehen und es war egal, was sie spielte. Heute ist es umgekehrt so, wenn ein ganz mittelmäßiger, progressiver Regisseur sagt: »Ich spiele ein modernes Stück«, dann bleibt die Bude leer, aber wenn er sagt: »Wir spielen *Faust*«, dann wird sie voll, selbst wenn niemand einen Schauspieler-Namen kennt, weil die Leute sagen »Aha, es ist wohl doch Faust«, und dann gehen sie hin und sehen, es spielt in der Straßenbahn und sind ein bisschen enttäuscht. Das heißt, es ist ein Etikettenschwindel, die Leute nehmen die Klassiker und behaupten, sie wollen die Klassiker aufführen und tun in Wirklichkeit – nicht alle, aber viele – etwas anderes. Bloß, dass da jemand hingeht, wenn ein kleines oder ein progressives Theater sagt: »Wir machen *Faust* und *Hamlet*, weil sie den Hauptdarsteller sehen sollen.« Ich habe das Gefühl, du bist da selten hingegangen. Denn, wenn du hin gingest, dann würdest du sehen: Nein, da ist wieder das gescholtene Bildungsbürgertum, die haben den *Faust* in der Schule gelesen, man hat viel davon gehört – er wird ja selbst in Leitartikeln zitiert – sie wollen das mal sehen und dann merken sie, man kriegt es leider nicht, weil es ein bisschen, nun ja, also sozusagen der Zeit angepasst ist. Aber, dass man das nur wegen des Hauptdarstellers tut, das ist schlicht falsch.

Reich-Ranicki:
Es ist eine sehr gute Methode, das, was der Gesprächspartner gesagt hat, stark zu übertreiben, zu extremisieren, um es damit ad absurdum zu führen. Ich habe nicht gesagt, dass alle Menschen ins Theater gehen, um den Schauspieler X oder den Sänger Y zu sehen, das habe ich nicht

gesagt. Ich muss wieder ein Extrembeispiel geben sonst kommen wir nicht voran: Da wird eine unbekannte Oper aufgeführt von Massenet, eine die noch nie in Deutschland gespielt wurde, in der Hauptrolle Plácido Domingo. Es ist überfüllt. Warum gehen die Leute hin? Doch nicht wegen der unbekannten Oper von Massenet, sondern die denken sich »Wenn der Domingo die Rolle singt, wird da was sein für einen Tenor«, so ist es.

Everding:
Herr Kaiser, passen Sie auf, Sie haben zwei Werke geschrieben, das frage ich jetzt ernsthaft, *Erlebte Musik* und *Erlebte Literatur:* Wie verbindet sich das in Ihrem Leben? Was ist denn nun das Primäre, wie verbinden Sie denn nun beides? Wenn Sie Musik erleben, erleben Sie dann Literatur oder erleben Sie nur Musik, wie geht denn das zusammen? Oder ist das gar nicht mehr zu trennen in einer guten Oper?

Kaiser:

Sie fragen mich so ernst und jetzt ist die Versuchung für mich, ernst zu antworten, natürlich groß. Ich will Ihnen Folgendes sagen: Es ging mir so, dass ich zuerst Musik studierte und dass mich das Musikstudium von Semester zu Semester unglücklicher machte, weil ich viele Kommilitonen traf und erlebte, von denen merkte ich, die lieben die Musik nicht so sehr, aber sie analysieren sie. Das ist für sie ein Gegenstand, mit dem sie sich beschäftigen, in Konzerte gehen sie gar nicht gern. Ich wurde also todunglücklich. Und dann merkte ich, wie sehr mich die moderne Literatur interessierte und ich sattelte um und studierte Germanistik und habe schließlich über Grillparzer promoviert. Und, in mir ist ein Widerspruch, den ich nicht auflösen will und der sieht folgendermaßen aus: Ich weiß schon, dass die modernen Komponisten sich große Mühe geben, dass die schrecklich arbeiten müssen, dass die in Schwierigkeiten sind, dass die Tonsprache ausgelaugt ist, dass man mal dies probiert, dann der Penderecki mal jenes und so weiter. Und ich habe hohen Respekt davor.

Aber je älter ich werde, frage ich mich immer häufiger, ob ich diesen modernen Komponisten sehr viel Zeit meines Lebens zuwenden soll und will, weil mir doch die Vergangenheit in der Musik unendlich größer, reicher, stärker vorkommt. Bei Literatur ist es merkwürdigerweise genau umgekehrt: Ich weiß schon, was Shakespeare und Goethe waren, aber mich interessiert die große Literatur des 20. Jahrhunderts. Wenn der Beckett ein Stück schreibt oder der Grass einen Roman oder der Sartre einen Essay, da merke ich, das ist meine Sache, da kann der Eichendorff so gut sein wie er will, das geht mich also mehr an. Ich merke aber, und um jetzt endlich wieder auf unser Thema zu kommen, ich merke, dass das deutsche Publikum seltsam reagiert. Die Bücher, die ich schreibe, müssen doch alle entweder dumm oder mittel oder gut sein, je nachdem wie ich bin. Aber dass die Musikbücher im Verhältnis von zehn zu eins besser gehen als Literaturbücher, das besagt, dass die Menschen hierzulande bereit sind, sich um Musik zu kümmern und sich nicht nur amüsieren zu wollen, während sie bei Literatur eher anders reagieren. Das ist meine kurze Antwort auf Ihre Frage.

Reich-Ranicki:

Na ja. Also es ist schon interessant, ich glaube dieser ganze Gesichtspunkt, den wir eben gehört haben, Verhältnis zur Musik von gestern und von heute, zur Literatur von gestern und von heute, ist alles legitim, kann man alles so sehen. Ich sehe es ganz anders. Wenn ich ein Drama nennen soll, in dem ich meine Probleme wiederfinde, Konflikte meines Lebens, dann ist das kein Stück von Beckett! Mehr als der ganze Beckett mit allen seinen Dramen, hat mir Shakespeares *Hamlet* zu sagen und mehr als alle diese Stücke von Ionesco, die originell, interessant und spielenswert, aufführenswert sind, weiß Gott, interessiert mich Goethes *Faust*, der erste Teil vor allem. Mein Verhältnis zur Literatur der Vergangenheit ist ein anderes. Ich habe als Beispiel Goethe und Shakespeare genannt, ich könnte die Lyrik Heines nennen, in der ich sehr viel schon aus meinem Leben wiederfinde, aber wir wollen hier nicht zu viele Namen nennen.

Bei der Musik ist natürlich die Sache anders, denn da stellt sich eine gewisse Ratlosigkeit ein. Ich kann hier nur eine Kleinigkeit erzählen, die ich unlängst erlebt habe. Ich habe sie gestern einem Kreis von sechs Personen erzählt oder zehn, dann kann ich es auch noch einmal hier erzählen. Ich war zufällig bei einer Fernsehsendung zusammen – wir haben nicht miteinander diskutiert, wir kamen nacheinander vor – mit Stockhausen. Und das Gespräch mit Stockhausen über Musik war zwecklos, denn er wollte nur über die eigene Musik reden, andere Komponisten haben ihn nicht interessiert und dergleichen. Er hat dann gesagt, früher war alles besser, denn wenn damals eine staatliche Feier stattfand, dann spielte man Schumann, Weber, Mendelssohn, also die damaligen zeitgenössischen Komponisten. Heute findet in Nordrhein-Westfalen eine Preisverleihung statt und was wird gespielt? Schumann, Weber, Mendelssohn, wie damals. Man hätte, meinte er, doch lieber ihn, Stockhausen, spielen sollen und nicht Mendelssohn. Und ich habe getan im Gespräch mit dem Stockhausen, was ich immer tue mit Musikern: Immer, wenn das Gespräch nicht recht vorankommt, man kann mit denen über Musik nicht so recht reden, oder sie wollen nicht, dann nenne ich nur einen Namen, wie stehen sie denn zu Wagner? Dann geht es schon los, da gibt es keine Ruhe mehr im Saal, keine Ruhe im Gespräch. Und er sagte mir: »Wagner«, sagte der Stockhausen, »darüber können wir doch nicht reden, die *Walküre,* das ist doch abscheulich, das kann man doch gar nicht hören und der *Tannhäuser*, nein, ich habe das noch wieder mal neulich … und der *Lohengrin*, wie kann man so was schreiben? Schrecklich!« Daraufhin sagte ich: »Ja, ja, alles gut: *Tristan*«. Es wurde plötzlich still, nicht lange, drei Sekunden war es still, aber drei Sekunden hatte er nichts gesagt. Und dann sagte er: »Die Ouvertüre«, er sagte nicht das Vorspiel, der sagte: »Die Ouvertüre ist gut, der Rest ist überflüssig.« Da ist für mich das Gespräch mit Herrn Stockhausen über Musik sinnlos. Das hat gar keinen Zweck mehr. Wenn er mir sagt, der *Tristan* ist überflüssig, wo kommen wir da hin?

Everding:

Ich habe es aber auch schwer mit Ihnen. Weil Sie mir einmal sagten, Sie haben *Tristan* gehört, unter Bernstein so wunderbar dirigiert, da brauchen sie meine Inszenierung gar nicht mehr. Das beweist, wie wenig Beziehung Sie zu Theatralik haben.

Reich-Ranicki:

Ich habe das ganz anders gesagt! Ich habe gesagt: »Die halbkonzertante Bernstein-Aufführung des *Tristan* im Herkules-Saal in München war so herrlich, dass ich mir dachte, dass eigentlich alle Inszenierungen des *Tristan*, mit Ausnahme der von Everding, überflüssig sind.« Also, mein Lieber, ich habe mal den *Tristan* in Bayreuth gesehen, eine der vielen Inszenierungen, die man gegeben hat, ich glaube, es war die Ponnellesche Inszenierung. Im zweiten Akt, da lagen die unter diesem großen Baum: »Oh, sink hernieder, Nacht der Liebe«… ungefähr an dieser Stelle, hat der Tristan der Isolde die Hand mehr oder weniger unter den Rock gesteckt. Da sage ich mir, ich muss das nicht auf der Bühne sehen, das höre ich in der Musik. Also, mit anderen Worten, *Tristan* ist ein Sonderfall, *Meistersinger* muss man aufführen.

Everding:
Auch wegen des Textes?

Reich-Ranicki:
Natürlich!

Everding:
Sehen Sie. Bei *Lohengrin* war der Text dem Wagner ja gar nicht so wichtig. Aber *Meistersinger* ohne Text können sie doch gar nicht spielen. Wir sind beim Thema, Gott sei Dank.

Reich-Ranicki:
Ein Libretto von höchstem Rang.

Everding:
Übrigens in einem fiktiven Gespräch, welches Sie Herr Kaiser so wunderbar geführt haben mit Frau Schumann, sagte sie: »Das Allerentsetz-

lichste in meinem Leben ist der *Tristan*«. Erinnern Sie sich? Oder haben Sie das erfunden?

Kaiser:
Oh ja, ich erinnere mich. Nein, die Clara Schumann sagt: »Mein Gott, so hysterisch verliebt, man kann's ja gar nicht ansehen und dann beruht's ja auch alles nur auf Gift, die lieben sich ja nicht mal wirklich, sondern haben was genommen.«

Reich-Ranicki:
Aber entschuldigen Sie, das ist in Deutschland so üblich, dass die Liebespaare erst präpariert werden müssen, bevor es zur Liebe kommt. Ohne diesen Saft wären doch Tristan und Isolde … Ich meine wie ist es denn mit Faust? – »Mit diesem Trank im Leibe, siehst du bald Helenen in jedem Weibe.« Hätte er den Trank nicht bekommen, hätte er vielleicht mit der Marthe zufällig angebandelt und da hatte er aber gerade mit Gretchen etwas.

Kaiser:

Balzac hat gesagt: »Ein deutscher Professor ist so, der kriegt nicht mal ein Mädchen rum, der braucht den Teufel dazu.«

Reich-Ranicki:

Eine sehr gute Formulierung.

Everding:

Herr Kaiser, Sie haben immer wieder, sogar einmal überspitzt gesagt: »Also, fast sind mir die Texte bei Wagner lieber als wie die Musik.« So haben Sie es nicht gemeint, aber Sie haben die Texte von Wagner in einen ganz hohen Rang gehoben. Und ich muss Ihnen sagen, wenn ich höre: »Sterben die Menschenmütter an ihren Söhnen alle dahin«, dann verstehe ich Text und Musik in einem zusammen, dass mir weder der Text, noch die Musik alleine die Dimension geben würde. Da ist bei Wagner etwas gelungen, dass Text unerlässlich und Musik unerlässlich sind. Und da stellt sich nicht mehr die Frage »Prima oder Secunda?«, sondern so ist ideale Oper, oder?

Kaiser:

Wagner hat im Laufe seines Lebens eine Entwicklung gemacht: Er hat im Jahr 1850, 1851 als er nach Zürich emigrierte und seine Kunstschrift und seine ganze Theorie entwickelte, da hat er gesagt, die Frage, ob Text oder Musik Vorrang hätten, sei vollkommen schwachsinnig, beides seien absolut gleichwertig, sie sind beides die Bedingungen des Dramas. Die Musik und der Text gehören zum Drama, Punkt, Schluss. Das glaube ich aber nicht, auch bei Wagner nicht, so hoch ich die Texte schätze. Und Wagner glaubte es später auch nicht. In seinem Beethoven-Aufsatz von 1870, da hat er gesagt: »Meine Dramen sind ersichtlich gewordene Taten der Musik.« Das heißt, das Eigentliche tut die Musik, aber der Text gehört dazu. Und ich finde übrigens, wenn die Stabreimer immer so idiotisch durch den Kakao gezogen werden, es ist ja furchtbar leicht, einen Stabreim so zu zitieren, dass er klingt als ob der Autor schwachsinnig wäre, dass dann derjenige, der sich lustig macht, der Dumme ist, denn die Stabreime sind ja ein tolles Prinzip. Richard Wagner hat irgendwann mal gemerkt, dass es nicht gut geht, wenn man diese deutschen Endreim-Betonungen, also: »Es wallet und siedet und brauset und zischt, wie wenn Wasser und Feuer sich mengen, bis zum Himmel spritzet die dampfende Gischt« und so weiter, vertont. Dann muss man entweder die Rhythmik des Verses betonen, dann klingt es klappernd oder man tut es nicht und dann klingt es sinnlos. Infolgedessen sagt er: »Ich will aber keine realistischen Texte haben, die sich nicht reimen, darum wähle ich den Stabreim, da habe ich ein künstlerisches Prinzip, eben das Stabreimprinzip, aber das legt die Betonungen nicht fest, sondern jetzt habe ich eine Kunstsprache und keine Betonung. Und dann kann ich die Musik alles das sagen und die Seele aussprechen lassen, wofür der Text sozusagen die Folie ist, den großen griechischen Chor brauche ich gar nicht mehr.« Das heißt, man kann natürlich auch bei Wagner nicht sagen, dass der Text unwichtig ist, sondern man muss ihn kennen. Wenn, was weiß ich, wenn der Wotan sagt »Jetzt habe ich alles, was ich will und bin der große Mann«, und im Orchester kommt das

Götterdämmerungs-Motiv vor – ja, wer nicht versteht, was er sagt, der weiß ja gar nicht was dieser Gegensatz bedeutet. Und das kann man auch verstehen und verdammt noch mal, man kann doch Kunst so ernst nehmen, dass man ihr eine gewisse Zeit in seinem Leben einräumt und nicht nur sagt: »Ich will mich amüsieren und wenn ich das nicht tue, seid ihr Schuld.« Pedantisch vorbereiten braucht man sich nicht.

Everding:
Wir haben es ja auch nicht mit einem logischen Gebilde zu tun, Oper ist oft scheinbar so unsinnig, dass jemand erstochen wird und dann anstatt zu sterben noch zwanzig Minuten singt und jeder, der das sieht, sich fragt: »Warum singt denn der immer noch?« Wissen sie, auch das muss man bei Oper verstehen.
Übrigens, ich habe einen Nachtrag und einen schrecklichen Vorschlag, wie das gelöst wird mit dem Verstehen im Publikum. Eigentlich ist doch alles gelöst: In Amerika und überall gibt es Obertitel und Untertitel. Man kann die Worte mitlesen und versteht alles. Was sagen Sie denn

dazu? Obertitel, Untertitel, ist alles drin, Musik und Sprache.

Reich-Ranicki:
Also, natürlich wird man durch diese Möglichkeiten, die Sie jetzt ins Gespräch bringen und die vollkommen ablenken, natürlich wird man dadurch informiert über das, was da auf der Bühne stattfindet. Ich habe neulich in Frankfurt eine Schostakowitsch-Oper gesehen, mit eben diesen Überschriften. Es ist unmöglich: Gucke ich nach oben, dann sehe ich nicht was unten auf der Bühne passiert. Da findet aber wahnsinnig viel statt! Gucke ich nach unten, verstehe ich nichts. Es wird Russisch gesungen, das verstehe ich zur Not teilweise, aber wenn deutsche Sänger Russisch singen, noch mit schlechter Aussprache, und ungenau … Es ist abscheulich und es ist auch nicht ganz einfach den Schostakowitsch zu singen. Die müssen sehr aufpassen, nicht nur auf die Aussprache, sondern dass sie das richtig singen. Das ist alles nicht so leicht. Also lassen wir mal die Details weg, reden wir hier mal über ein Problem, das Joachim Kaiser

eben gesprochen hat und das ist doch die entscheidende Frage, diese Relation zwischen Musik und Text. Man kann das an zwei Beispielen am allerbesten sehen: Wagner mit den eigenen Texten und die Kombination aus Strauss und Hofmannsthal, das sind die beiden Beispiele. Lassen wir mal Verdi und Puccini mit ihren Opern, denn ihr werdet mir nicht einreden, dass das literarisch geistreiche Sachen sind, die sind ziemlich blöde.

Everding:
Zu denen, ich zitiere Sie, das Publikum gerne hingeht, um sich an einem Theaterabend zu erfreuen, das sagten Sie.

Reich-Ranicki:
Ja, was denn sonst? Die gehen doch ins Theater und nicht in die Universität! Die wollen *Rigoletto*! Da wollen die Leute das Quartett und *La Donna e mobile* wieder mal hören und einen guten Tenor und so weiter. Aber sie wollen, dass die Leute hingehen, um über *Aida*, über die Ei-

fersucht und die Liebe belehrt zu werden. Nein, belehrt kann man woanders werden!

Kaiser:
Das finde ich auch gar nicht so schlimm, dass man in bestimmte italienische Opern geht. Also was weiß ich, wenn die Gruberova die Somnambula singt, die höre ich gerne an. Da will ich mich auch nicht über das England des 13. Jahrhunderts belehren lassen. Aber wenn ich in die *Götterdämmerung* gehe, dann will ich schon wissen, wer Wotan war, verdammt noch mal. Es gibt doch Unterschiede!

Reich-Ranicki:
Zunächst einmal, die Wagner-Librettos, das ist eine ganz wichtige Frage. Er hat ja gute Gründe gehabt, dass er sie selber alle geschrieben hat und niemand auf Erden hätte für ihn, für seine Werke, Musikdramen, Texte besser schreiben können als er selber. Dennoch wollen wir nicht übersehen, dass diese Texte auf sehr unterschiedlichem Niveau sind. Die sind zum Teil auf einem sprachlich für mich unerträglichem

Niveau und miserable Literatur. Und es gibt andere, die beachtlich sind. Das beste Libretto überhaupt im ganzen Wagner-Werk, glaube ich, sind die *Meistersinger*, in jeder Hinsicht, sprachlich auch am besten, in den Konstellationen auf der Bühne zum Teil genial. Der zweite Akt ist ja auf der Straße in Nürnberg, das ist ja gemacht von der szenischen Komposition auf Shakespeareschem Niveau geradezu. *Die Meistersinger* sind fabelhaft, auch sprachlich. Vieles, was der Sachs singt, ist schon sehr gut. Und wir wissen ja sogar, dass das, was der Beckmesser singt, wie er das Preislied kaputt macht, was ziemlich originell ist, dass das schon einige Male nachgewiesen wurde, dass es sich um dadaistische und expressionistische Poesie handelt, die der Wagner als scheinbaren Blödsinn dem Beckmesser in den Mund legt. Das ist alles sehr beachtlich. Dennoch: ich liebe den *Lohengrin*-Text nicht sehr und auch Tristan-Texte sind zum Teil schreckliche Sachen, sind sprachlich furchtbar.

Kaiser:

Der ist doch logisch, der Tristan-Text, der Text ist doch die logischste Literatur, die es gibt....

Reich-Ranicki:

Ja, der Liebestod ist auch logisch, der Text, ja.

Kaiser:

Nein, die Konstellation im Tristan.

Reich-Ranicki:

… die Konstellation ist logisch.

Everding:

Ja, aber Liebestode sind nicht logisch.

Kaiser:

Ja, aber die sind doch nicht unlogisch, das ist eine andere Dimension, weiß Gott, aber man kann doch nicht sagen, dass der Tristan schlecht konstruiert ist. Ich meine, ich spreche jetzt nur von der Dramaturgie.

Reich-Ranicki:

Nein, der ist sprachlich schlecht. Es ist ja auch ein furchtbares Deutsch.

Kaiser:

Aber nenne mal einen schlechten Text von Wagner.

Reich-Ranicki:

Eins nach dem anderen. Mir geht es gerade um eine andere Sache: Machen wir uns doch nichts vor, kein einziges Bühnenwerk von Richard Wagner würde heute überhaupt erwähnenswert sein, keiner würde den Titel auch nur kennen, wenn es nicht Musikwerke wären.

Kaiser:

Das ist ja so als ob du sagst, wenn man von Mozartschen Klaviersonaten nur die die Noten der linken Hand hätte, dann würde die auch keiner kennen.

Reich-Ranicki:

Nein, nein, nein, nicht Mozart, sondern wir wollen es anders sagen: von den Hofmannsthalschen Stücken, niemand würde von der *Frau ohne Schatten* oder auch von der *Ariadne* etwas wissen, wenn nicht die Strausssche Musik wäre. Das unterliegt gar keinem Zweifel. Daher kehre ich zurück zu der These, die sie vorhin von mir zitiert haben: Ein Libretto ist ein Halbfabrikat, etwas, das zu liefern unter der Würde eines anständigen Dichters ist. Ein Halbfabrikat, das der Komponist erst weiterkomponiert, zu Ende dichten muss. Es ist nicht verwertbar.

Kaiser:

Es ist ein Hilfsmittel.

Reich-Ranicki:

Ja, ein Hilfsmittel.

Kaiser:

Aber ist es unter der Würde eines Menschen gelegentlich mal Hilfsmittel herzustellen? Wie hat sich der Stefan Zweig danach gedrängt, dem

Richard Strauss zu helfen. Das ist doch nicht gleich schlecht.

Reich-Ranicki:
Halt, halt. Also erstens ist Stefan Zweig in seinem Gesamtoeuvre nicht der beste Schriftsteller der Welt. Stefan Zweig ist erst mal eine zweitrangige Figur der Weltliteratur. Also damit beginnen wir: Warum hat sich Stefan Zweig zu Richard Strauss gedrängt? Aus zwei Gründen: Erstens, weil er den jungen Hofmannsthal abgöttisch geliebt hat, den *Loris*, das war das Erlebnis seiner, Stefan Zweigs, Jugend und zweitens, weil Hofmannsthal dem Richard Strauss doch ein halbes Dutzend Stücke geliefert hat, dass er für ihn gearbeitet hat. Wie er dabei leiden musste, der Hofmannsthal, hat der Stefan Zweig nicht gewusst, dass da der Mann, der das Sagen hatte, natürlich Strauss war und Hofmannsthal ihm zu dienen hatte. Das ist eine ganz klare Situation. Und Gott sei Dank war es so! Wäre es so nicht gewesen, wäre der *Rosenkavalier* schlechter und all die anderen auch.

Kaiser:

Ich weiß ums Finanzielle: Strauss verdiente an den Opern, wenn sie in Deutschland aufgeführt wurden, wenn ich nicht irre, 93 Prozent und Hofmannsthal sieben, und wenn sie im Ausland waren, hatte Strauss alles und Hofmannsthal nichts. Trotzdem kann er sich nicht nur als Sklave gefühlt haben, dazu ist der Briefwechsel zu offen und zu reich. Das ist doch der größte dramaturgische Briefwechsel, den es gibt. Man kann aus keinem anderen Buch mehr lernen. Verstehst du, wenn der nur immer gesagt hätte, »Dieser Hund!«, aber so?

Reich-Ranicki:

Aber ich meine etwas ganz anderes, wir reden aneinander vorbei. Ich rede jetzt nicht über den finanziellen Anteil, die Honorare und die Tantiemen, das ist alles sehr wichtig, aber das ist nicht das Thema im Augenblick. Strauss hat von ihm immer wieder verschiedene Textänderungen verlangt, Kleinigkeiten und Nichtkleinigkeiten, ernste Dinge. Er hat viele dieser Änderungen für nicht gut gehalten, diese Vorschläge, und was er in den Briefen geschrieben hat ist nicht maßgebend. Er schreibt: »Die Änderung ist fabelhaft, ich bin ihnen dankbar, ich folge ihrem Vorschlag.« Gleichzeitig hat er an andere geschrieben: »Der Strauss zwingt mich immer wieder Kitsch und Triviales zu machen.« Also, dass Hofmannsthal in seinen Briefen sehr unaufrichtig war, dass er diesen ganzen Schmalz immer wieder geliefert hat – Ach! Der Brief an die Frau von Richard Strauss ist dann das Schlimmste, wo er sagt: »Nur für sie«, sagt er, »Ja, er ist immer der Führende, ich folge ihm, er ist der Wichtige.« Alles ist natürlich für die Ehefrau von Richard Strauss geschrieben, damit sie es ihm wiederholt, dem Richard Strauss, diese ganzen Schmeicheleien. Er wusste, was er tut, der Hofmannsthal. Imponieren tut es mir nicht. Warum? Was ist das Schlimme? Dass er sich allem unterordnete. Es ist ja mal ein Sieg von Hofmannsthal gewesen, wo er gegen Richard Strauss gesagt hat: »Das Stück soll *Rosenkavalier* heißen!« Strauss wollte den Titel nicht. Und wenn nicht die Gattin von Strauss gewesen wäre, würde das Stück vielleicht wirklich Ochs von Lerchenau heißen, ein Unglück. Nur sie hat zum Glück gesagt: »Da hat der Hofmannsthal Recht, nimm mal den Titel *Rosenkavalier*.«

Kaiser:
Es gibt einen großartigen Brief von Hofmannsthal, wo er sozusagen an Straussens Ehre und Gewissen appelliert und sagt: »Sie sind der und der, sie dürfen das nicht, sie müssen auch ein bisschen …« So ist es nun nicht, dass der Hofmannsthal immer nur schmeichelt. Aber es leuchtet mir ein, wenn er sich fortwährend anders verhalten hat. Trotzdem, wie die beiden ins Einzelne gehen, oder wenn Strauss sagt: »Ich brauche für diese Quasi-Arie, zwei oder noch vier Zeilen«, warum müssen die denn dann gleich kitschig werden? Das hat der Mozart von Johann Gottlieb Stephanie auch verlangt, und der hat es dann ja auch gemacht.

Reich-Ranicki:
Ja, ja, ja, das ist aber der Unterschied, der Stephanie hatte nicht den poetischen Ehrgeiz, den

ein Hofmannsthal hatte! Vergessen wir nicht, wer ist Hugo von Hofmannsthal? Der Mann hat in seiner Jugend Gedichte geschrieben, die viele für die schönsten seit Goethes Tod gehalten haben! Ein ganz großer Dichter in seiner Jugend, der dann in eine furchtbare Krise geraten ist, nicht weiter schreiben konnte und dem daher die Zusammenarbeit mit Richard Strauss genau im richtigen Augenblick kam. Das ist doch das Glück: Die Biografie von Hofmannsthal mit allen seinen Krisen und Katastrophen, die hat ihn gezwungen für Strauss Libretti zu schreiben und das ist unser Glück.

Everding:
Meine Damen und Herren, Herr Reich-Ranicki hat einen aufregenden Vortrag hier in Garmisch vor einigen Tagen gehalten, wo er das Verhältnis Hofmannsthal-Strauss beleuchtet hat. Ich finde das auch etwas zu einseitig, ich bin der Meinung von Kaiser, dass es viele Briefe gibt, in denen Hofmannsthal gegenüber Strauss seinen Rang durchaus behauptet und sagt: »Auch sie müssen dramaturgisch denken lernen, auch

sie müssen mir da in der Dramaturgie folgen.«
Aber gut, Sie haben Recht, er war immer der
Dienende und Strauss war der Anordnende.

Kaiser:
Weil jener der Praktiker war.

Everding:
Ja. Und Strauss hat das so klar ausgedrückt, ich
hab' es gefunden: »Da wo der Dichter Wort an
Wort reihen muss, um einen Sinn zu umschrei-
ben, da kann der Komponist alles in einem einzigen Akkord ausdrücken.« Das war die Hal-
tung von Strauss.

Kaiser:
Na ja. Und auch das andere, was ja viel toller
ist, es gibt doch verschiedene Arten von Schweigen, die überhaupt nur die Musik herstellen
kann, also diese wahnsinnige Überlegenheit des
Komponisten. Es gibt doch Ensembles, die hören plötzlich auf, das sind diese Ensembles, wo
sich jemand quasi nur noch wie in einem Traum
befindet, etwa dieses erste Quartett aus dem *Fi-*

delio. Oder es gibt Ensembles, wo die Zeit verlangsamt wird, im *Lohengrin*: »Im wildem Brüten muss ich sie gewahren«, alles das kann die Musik. Die Musik ist natürlich weit überlegen, weil sie das, was die Emotion und die Seele hat, das ausdrücken kann, nicht ohne Text, aber manchmal weit über den Text hinaus.

Everding:
Darf man sagen, ohne Hofmannsthal hätte Strauss auch so nicht komponiert.

Reich-Ranicki:
Vorsicht, das ist …

Kaiser:
Ich glaube ja. Oscar Wilde war ja weiß Gott auch ein großer Dichter, den man mit Hofmannsthal vielleicht in einem Atemzug nennen kann, darum ist die *Salome* sehr gut. Aber ich würde sagen, dass das, was der Strauss zusammen mit Hofmannsthal gemacht hat, im Rang, im Kunstrang, doch wohl eine Dimension bes-

ser ist als das, was er ohne Hofmannsthal gemacht hat.

Everding:
Prima la musica, poi le parole?

Kaiser:
Es ist sehr schwer zu beantworten. Nun war der Strauss natürlich älter.

Reich-Ranicki:
Diese Frage ist doch immer etwas verlockend und sie hat keinen Sinn: »Was wäre, wenn?« Das ist so wie die Frage: »Was wäre, wenn Hofmannsthal zehn Jahre länger gelebt hätte?« oder »Was wäre, wenn Kleist nicht Selbstmord verübt hätte oder zwölf Jahre später?« Das können wir alle meditieren, spekulieren und das hat keinen Zweck. Eine Sache ist wichtig: Strauss wäre wahrscheinlich ohne Hofmannsthal ein genauso bedeutender Komponist, wie er geworden ist. Ich kann mir aber nicht denken, dass Strauss eine Oper wie den *Rosenkavalier* geschrieben hätte, wäre nicht die Idee, das Material von

Hofmannsthal. Er hätte eine andere geschrieben, vielleicht wäre die andere noch besser, weiß ich nicht. Bei der *Elektra* ist es was anderes: Die *Elektra* ist ja ein antiker Stoff, den hat er natürlich auch in der Hofmannsthalschen Fassung und nicht in der Sophokleischen vertont. Aber der *Rosenkavalier* hat etwas so spezifisch Österreichisches, das hätte kein anderer Autor ihm geliefert und das hätte der Strauss gar nicht gemacht. Er hat natürlich sofort gesehen, da ist die geniale Möglichkeit.

Everding:
Wenn wir übereinstimmen: Strauss wäre ein genauso guter Musiker, Komponist geworden, auch ohne Hofmannsthal, aber ein so guter Opernkomponist wäre Strauss nicht geworden.

Reich-Ranicki:
Nein, ein etwas anderer, vielleicht ein genauso guter, weiß ich nicht. Ein anderer, weil Hofmannsthal ihn dahin gelenkt hat, am stärksten im *Rosenkavalier*.

Kaiser:

Jetzt bin ich einmal entschiedener. Jetzt möchte ich mal personalisieren. So wie du eben gesagt hast, man geht wegen des König Lear, wenn ihn der Sowieso spielt, in die Oper. Ich finde, man geht doch wegen der Gestalten ins Theater, die einen faszinieren. Strauss hat in seinem Leben mit sehr viel verschiedenen Librettisten zusammengearbeitet, aber die Gestalt der Elektra, die Gestalt der Marschallin, die Gestalt des Komponisten in der *Ariadne*, die Gestalt in Gottes Namen auch der Färberin in der *Frau ohne Schatten*, das ist im Niveau eine Dimension höher als alles andere, was er danach oder davor gemacht hatte. Und das berechtigt uns zu sagen, ohne Hofmannsthal wäre es ganz anders. Oder er hätte einen Librettisten haben müssen, der gleichrangig war wie Hofmannsthal.

Reich-Ranicki:

Ich rede nicht vom Rang, der hätte einen anderen haben können, der wäre gleichrangig wie Hofmannsthal, aber der würde anders dichten als Hugo von Hofmannsthal und das würde eine andere Musik zur Folge haben. Vor allem der *Rosenkavalier* ist durch das Hofmannsthalsche Personal, durch dieses Milieu, ganz stark bestimmt. Jetzt kommt aber noch etwas ...

Everding:
Sie haben eben gesagt, wir sollten nicht diskutieren: »Was wäre, wenn?« Wir haben den *Rosenkavalier* und wir haben keinen *Rosenkavalier* von einem anderen Dichter. Wir haben den von Hofmannsthal und der ist einzigartig.

Reich-Ranicki:
Ja, aber Augenblick mal, hier muss ich auf eine Sache antworten, denn die ist sehr interessant. Zwischen Joachim Kaiser und mir ist ja ein enormer Unterschied. Wir beide gehen offenbar, das ist überhaupt keine Polemik, das ist kein Vorwurf, gar nichts ...

Kaiser:
Also doch ...

Reich-Ranicki:

Nein, nicht doch, gar nicht. Herrgott, der Eine liebt gern Tomatensuppe und der Andere Leberknödelsuppe, da ist doch der eine nicht besser und der andere nicht schlechter. Man hat doch das Recht dazu! Wir gehen zu einem ganz anderen Zweck – ich meine das wirklich ernst, das sind keine Witze – in die Oper. Du gehst in die Oper, weil du dich für die Figur der Feldmarschallin oder für die Figur der Elektra interessierst. Dazu gehe ich nicht in den *Rosenkavalier* oder in die *Elektra*, überhaupt nicht. Warum nicht? Die kenne ich doch, die Figur der Feldmarschallin, die kenne ich nun seit meiner Jugend. Die Oper habe ich doch nun zwanzig Mal gesehen, hundert Mal gesehen, muss ich noch mal die Elektra auf der Bühne, die Figur und ihre Probleme sehen? Ich kenne die.

Everding:

Aber, in der Interpretation dieser Inszenierung kennen Sie sie doch überhaupt nicht.

Reich-Ranicki:
Es geht ja nicht um Ihre.

Everding:
Sie sind so hochmütig zu meinen, damit kennten sie das Werk, Sie kennen es erst durch die Inszenierung.

Reich-Ranicki:
Ja gut.

Everding:
Sie inszenieren leider auch gleich im Kopf, das ist das Schlimme!

Reich-Ranicki:
Wenn ich in den *Rosenkavalier* gehe, gehe ich aus einem ganz anderen Grund, nicht weil mich die Figur der Feldmarschallin so interessiert. Ja, die interessiert mich, aber ich kenne sie. Ich brauche sie nicht noch mal kennen zu lernen, ich kenne sie hinreichend.

Everding:

Sie kennen sie!

Kaiser:

Was kennen Sie nicht am *Rosenkavalier*, weshalb Sie dann trotzdem hingehen?

Reich-Ranicki:

Langsam! Halt, genau das will ich erklären. Es gibt zwei Möglichkeiten, was mich am Rosenkavalier im Theater interessieren kann. Das eine weniger, nämlich die Inszenierung. Was ich an *Rosenkavalier*-Inszenierungen in den letzten zehn, fünfzehn Jahren gesehen habe, war meist so idiotisch, dass ich das gar nicht sehen will. Und ich höre, schon jetzt gibt es Gerüchte, aber diese Gerüchte stimmen meist, was für einen *Rosenkavalier* wir jetzt am 1. August, glaube ich, jetzt aber in wenigen Wochen in Salzburg erleben werden. Auch irgendein Schwachsinn, wahrscheinlich.

Everding:

Nein, das dürfen Sie nicht sagen.

Reich-Ranicki:
Warum?

Everding:
Herr Reich-Ranicki, das ist Demagogie, was Sie hier machen!

Reich-Ranicki:
Nein, nein, nein.

Everding:
Aber ja, reinste Demagogie. Ich habe gehört, der neue Rosenkavalier wird herrlich.

Reich-Ranicki:
Haben Sie gehört?

Everding:
Ja!

Reich-Ranicki:
Herr Everding, ich weiß auch von wem Sie das gehört haben.

Everding:

Nein!

Reich-Ranicki:

Vom Regisseur haben Sie es gehört! Im vorigen Jahr haben wir auch gehört, wie herrlich der Don Giovanni wird in Salzburg und als wir da saßen ... Na ja, danke.

Everding:

Nichts »Na ja«!

Reich-Ranicki:

Natürlich interessiert mich wie der *Rosenkavalier* gemacht wird, mal sehen. Es ist in den letzten Jahren immer eine Enttäuschung, weil die Regisseure immer etwas machen wollen, was weder Strauss komponiert, noch Hofmannsthal geschrieben hat. Warum gehe ich aber dennoch in den *Rosenkavalier*? In den meisten Fällen – Herr Everding, seien Sie tolerant und schmeißen Sie mich jetzt nicht raus – trotz der Inszenierung gehe ich in den *Rosenkavalier* und nicht, weil mich die Problematik der Feldmarschallin so interessiert, sondern aus einem einzigen Grund: Weil ich noch einmal die *Rosenkavalier*-Musik hören will. Und jetzt: »Prima la musica, dopo le parole.« Nein, das Wort kenne ich ja, das habe ich ja schon hundert Mal gelesen. Noch einmal das Wort, dass ich noch mal merke, wie italienische oder spanische Sängerinnen oder Sänger sich bemühen, Deutsch gut auszusprechen.

Everding:
Ich schenke Ihnen den Applaus, ich schenke Ihnen auch noch mehr, nur eins schenke ich Ihnen nicht, dieses Verdikt über das Musiktheater. Ich schenke Ihnen aber etwas anderes, ich schenke Ihnen ein Orchester, wissen Sie, wie Ludwig II, ich lade Sie ein in ein Theater, das kostet viel Geld, aber Sie sind mir das wert. Sie setzen sich da oben in die Loge und dann wird Ihnen das vorgeführt und Sie dürfen schwelgen in Musik. Mit Musiktheater hat das überhaupt nichts zu tun, überhaupt nichts. Musiktheater ist übersetzt auf die Szene, mit Musik, mit Farbe, mit Gestalten, mit Drama, mit einer Deutung des Ochsen – Ist der Ochs so ein Rüpel, der da rein-

kommt mit denen, und vergewaltigt seine Männer? Das kann sein, braucht nicht zu sein. Was ist das? Dieses Drama, das jeden Abend stattfindet: Wer ist die Marschallin? Das sind doch aufregende Vorgänge, die auf der Bühne stattfinden – in Ihrem Hirn auch, weil sie so gewaltig sind. Aber nein, nein, das ist so die gängige Meinung: »Regisseure machen alles platt und ich höre lieber die Musik.« Ich schenke Ihnen CDs, dann haben Sie es leichter und billiger!

Reich-Ranicki:
Halt! Aber Lieber, ich will hier eins hinzufügen und das wird Sie etwas beruhigen und mit mir versöhnen. Ich bin tief geschädigt durch die Oper in Frankfurt. Was ich da erlebt habe, was da an Ungeheuerlichkeiten, was da an Schwachsinn gemacht wurde ... Übrigens, da ist jetzt der Cambreling, der neue Intendant, erst seit kurzer Zeit, und es ist vieles viel besser. Aber was da an Schwachsinn produziert wird! Ich meine, es ist doch kompletter Quatsch, war das, ich glaube, wieder der *Rosenkavalier*, der an einem

U-Bahnhof spielte? Ich meine, das ist kompletter Schwachsinn, das hat niemand gewollt.

Everding:
Ich bin aufgerufen worden, diese Diskussion zu leiten. Das Thema heißt Prima la musica, dopo le parole. Meine Damen und Herren, übrigens habe ich in Vorbereitung auf diesen Abend noch einmal bei Alfred Kerr nachgelesen, ich habe so etwas Wunderbares über Sie gefunden, das glauben Sie gar nicht, was der schreibt.

Reich-Ranicki:
Jetzt kommt eine Bosheit.

Everding:
Nein. »Ein Kritiker sei nicht versteckt gehässig, nicht sittlich gehässig, er sei frech gehässig.« Wunderbar, herrlich!

Kaiser:
Ich möchte doch noch eine Sache sagen: Ich finde, es führt zu Applaus aber sonst zu nichts, wenn man über Dummheiten sagt, dass es

Dummheiten sind oder über extreme Inszenierungen sich lustig macht. Mir ist viel wichtiger was Sie vorher sagten, als Sie meinten: »Ich weiß doch schon um die Probleme der Marschallin und ich kenne mich doch schon aus. Das interessiert mich nicht, ich will eigentlich nur die Musik hören.« Das ist so als ob ich sagen würde: »Ich kenne die Waldstein-Sonate schon, ich habe die schon so oft gehört.« Was geht denn eigentlich in einem vor, wenn man ein Werk, das man gut kennt, in einer, sagen wir mal, dienenden Aufführung sieht, das gibt es ja auch, etwa am Deutschen Theater in Berlin. Da passiert doch Folgendes: Es muss die Vergegenwärtigung so stark, das Temperament der Schauspielerin oder Sängerin, die etwas Bestimmtes macht, muss so intensiv sein, dass das, was man über die Oper oder über das, was Gretchen zu wissen glaubt, gewissermaßen versinkt. Nicht, dass man sich dumm stellt und so tut als ob man nicht weiß, was man weiß, sondern, dass man sagt: »Mein Gott, was ist da in diesem Kerker, diese furchtbare Geschichte, wie wird das weitergehen?«, auch wenn man schon fünfzig Mal gesehen hat, dass sie zum Schluss erlöst wird in *Faust II*. Das heißt, wenn eine Aufführung so inständig ist, dass man plötzlich merkt: »Mein Gott, die Zeit vergeht, wir müssen alle sterben, man kann es nicht aufhalten«, das habe ich auch schon vorher gewusst, aber jetzt erfahre ich es so, dass es mich unmittelbar berührt, und dann versinkt das ganze Vor- und Nachwissen und dann macht große Kunst großen Spaß.

Reich-Ranicki:
Ja, aber Augenblick. Mein Lieber, du hast auf andere Weise genau dasselbe gesagt, was ich vor einer Stunde sagte. Die Leute, sagte ich nur, gehen hin, um einen Schauspieler als Lear zu sehen, und das Stück über den König Lear sehend, dass hier ihre eigenen Probleme, obwohl die kein Königreich haben, aber vielleicht doch ein Erbe, eine Fabrik, die man vielleicht vererben kann und, dass sie auch Kinder haben, aber auch gemeine und böse Kinder, merken sie, es geht um ihre eigene Sache. Darin sind wir uns einig. Die Inszenierung kann das zeigen und er-

klären, was wir bisher nicht wussten, kann sie oft im Schauspiel, aber in der Oper in viel geringerem Maße! Sie können ja, lieber Herr Everding, da können Sie ja nicht mehr rumspringen in der Oper, der Oberbefehlshaber ist der Dirigent!

Everding:
Ah, Sie haben mir das vorweggenommen! Jetzt kommen wir zum wichtigsten Punkt: Wieso?

Reich-Ranicki:
Weil alles in der Partitur festgelegt ist. Fünf Takte sind hier, mehr können sie die Leute auf der Bühne nicht rumspringen lassen.

Everding:
… und dann kommt eine Pause! Und die Pause bestimme ich.

Reich-Ranicki:
Augenblick mal. Die Figuren, die uns so furchtbar interessieren, dann nehmen wir mal ein italienisches Beispiel: Ich gehe ab und zu, alle paar

Jahre, ganz gern in eine anständige *Tosca*-Aufführung. Aber der Scarpia, die Tosca und der Cavaradossi, die gehen mich alle nichts an, das sind doch für mich vollkommen uninteressante Figuren. Was mich interessiert ist Puccinis Musik in der Kirchenszene, da gibt es Dinge, die mich sehr interessieren. Kinder! Interessiert Dich, lieber Joachim, der Lohengrin und Elsa von Brabant? Also bitte, da wollen wir uns doch nicht mit Elsa von Brabant und Lohengrin befassen. Aber der Wagner hat in den Lohengrin viel gute Musik hineingesteckt, deswegen höre ich die Musik immer wieder mal gern, wenn ich es mit einem guten Orchester und einem guten Dirigenten zu tun habe.

Everding:
Ich sage Ihnen mal einen ganz klaren Satz: Sie gehen ab und zu gern in eine anständige *Tosca*. Woher wissen Sie vorher, dass sie anständig ist?

Reich-Ranicki:
Halt, das weiß ich! Aber selbstverständlich!

Everding:

Weil Sie den Regisseur kennen oder …?

Reich-Ranicki:

Nein, zunächst einmal weiß ich eins: Wenn sie in Erfurt ist, ist sie schwach, wenn sie in München ist, ist die Chance etwas besser.

Everding:

Das ist falsch!

Reich-Ranicki:

Nein, nein, nein. Oper ist eine Sache, wofür erst mal das Theater Geld haben muss, es muss ein anständiges großes Orchester sein, es müssen gute Solisten sein. Wer singen kann, singt nicht in der Kleinstadt, nur wenn er Anfänger ist, sondern er will in München, in Wien, in Berlin singen. So ist das heute. Natürlich sind die Sänger an der Berliner Oper besser als in Lübeck.

Everding:

Manchmal!

Reich-Ranicki:

Doch, doch, die sind immer besser!

Everding:

Nein, es gibt Gegenbeispiele. Damit vernichten Sie, nein, Entschuldigung, damit kratzen Sie jetzt nicht nur an der Opernwelt, sondern auch an der gesamten Kulturlandschaft Deutschlands, denn wenn wir die kleinen Theater nicht hätten, das ist nicht unser Thema, aber das kann ich Ihnen sagen: Wenn ich in Augsburg nicht meinen ersten Tristan gesungen habe, dann singe ich ihn an einer Metropolitan nie. Sehen Sie, und das ist Kulturlandschaft! Aber damit haben wir etwas angerührt – lassen Sie meiner Eitelkeit bitte etwas Lauf – nämlich den Praktiker. Prima la musica, das ist, so wie Sie es leider sagten, da kommt doch der Dirigent und lässt den Regisseur machen: »Lass den doch, mein Gott«, sagt der sich, aber dann greift er ein, wenn sich der Regisseur das gefallen lässt, und sagt: »Nun dreh dich doch nicht nach hinten, sing das doch nach vorne. Wichtig ist doch nur die Musik, was du da machst ist mir doch ganz egal!« Das ist die Einstellung heute, weil Prima la musica so falsch verstanden wird, dass man meint, »Das, was der da oben, was die da oben darstellen, ist ja unwichtig.« Das ist ihre Einstellung, Herr Reich-Ranicki, leider hat die übergegriffen. Ein Chormann, zu dem ich sage, »Warum singst du das nicht zu deinem Partner?« Dann sagt dieser, »Nee, ich muss das doch zum Publikum singen.« Nein, er muss es nicht zum Publikum singen, er muss es zu seinem Partner singen.

Kaiser:
Da fällt mir Toscanini ein: Während einer Probe mit einem Regisseur, der sich hinten auf der Bühne mit dem Tenor befand, sagte Toscanini: »Halt! Bei mir steht Tenor vorn, aber singt gut.«

Reich-Ranicki:
Sehr richtig, ja!

Everding:
Eingeladen zum Konzert-Abonnement, aber nicht zur Oper.

Kaiser:

Also, Sie wollten sagen, es ist keine neue Erfindung.

Everding:

Nein, nein, die Dirigenten haben schon immer gemeint, sie wüssten es.

Kaiser:

Auch wenn der Text am Beginn steht, so sind wir ja doch der Ansicht, dass die Musik und die Emotion, die sie vermittelt, wichtiger ist, als jener. Und da wir darüber hinaus der Ansicht sind, dass der Komponist im Allgemeinen dem Textdichter überlegen ist, dass er ein Künstler ist, der wichtiger ist als der Textdichter – es gibt Ausnahmen, aber daraus ergibt sich doch eigentlich, dass der Furtwängler oder der Karajan oder der Bernstein oder der Solti für die ganze Aufführung etwas mehr verantwortlich sind, als der Regisseur. Es gibt sicherlich Krach manchmal, aber zum Beispiel erinnere ich mich sehr wohl, dass der Wieland Wagner doch zusammen mit Knappertsbusch *Parsifal*, 1951 in

Bayreuth machte. Ich war blutjung, aber ich war dabei. Und das war eine sensationelle Aufführung, die mir damals gar nicht so gut gefiel, man lügt ja später immer, wie toll das alles war. Und drei Jahre später hat der Knappertsbusch dem Wieland Wagner geschrieben: »Ich sehe, dass Sie auf einem falschen Wege sind. Das, was Sie machen, hat ihr Großvater alles nicht vorgeschlagen. Ich bitte sie, entbinden Sie mich, ich möchte in Bayreuth nicht mehr dirigieren.« Und da der Wieland ein großartiger Kerl war, schrieb er ihm einen Brief zurück und schrieb: »Lieber Herr Knappertsbusch, Sie sind mir so wichtig, dass ich diese Aufführung, die mittlerweile vierzig erfolgreiche Wiederholungen gehabt hat und überall gelobt wurde, ich gebe sie dahin, Sie sollen in Bayreuth bleiben. So stellen Sie uns doch bitte einen Regisseur ihrer Wahl, dann können Sie machen, was Sie für richtig halten. Ich mache Sie nur auf Folgendes aufmerksam: Wenn Sie werktreu inszenieren wollen, dann müssen Sie erst einmal alle Instrumente verändern. Sie müssen auf Darmsaiten spielen, Sie müssen die Bläser verändern, Sie müssen zweitens, was noch viel wichtiger ist, die Beleuchtung verändern. Die Tatsache, dass wir heute elektrisches Licht haben, macht einen völlig anderen Schatten, eine völlig andere Stimmung als damals, wo es noch Gasbeleuchtung gab und Sie müssen alle diese Dinge herstellen, dann stimmt es vielleicht.« Und das war natürlich klar, dass das sozusagen unmöglich ist und trotzdem hat er es erlaubt. So heikel ist das Problem.

Reich-Ranicki:
Also, was du eben gesagt hast, ist sehr überzeugend. Natürlich hat der Wieland Wagner mit allen diesen Punkten, Beleuchtung anders, Instrumente anders, hat er in allem Recht. Im Prinzip hat er aber nicht Recht, ich glaube, dass er nicht Recht hat. Und zwar ich will Ihnen ein Beispiel geben, das mir besonders naheliegt, weil es sich um das Werk handelt, mit dem ich mich am meisten im Leben beschäftigt habe. Wieland Wagner hat in den 60er-Jahren in Bayreuth die *Meistersinger* inszeniert gemacht. Er kam auf die Idee, warum nicht, bei der die Meistersinger die ganze Zeit verhöhnt und verspottet und

veräppelt wurden: Es waren lauter komische, sonderbare, skurrile Kleinbürger, ja, Trottel, die unentwegt gegessen haben. Bevor die was zu singen hatten, haben die erst einmal zwei Brötchen gegessen, ich weiß nicht warum, er wollte das so machen. Völlig verändern, was der Autor Richard Wagner wollte – das kann man machen. Nur eines muss man dazu tun und das hat er nicht getan: die Musik neu komponieren. Denn das, was sich hier abspielte – auf der Bühne Verspottung, aber im Orchester werden die Meistersinger wie eh und je in C-Dur gefeiert –, das geht nicht. Es ist richtig, so lange Wieland Wagner sagt: »Andere Beleuchtung, andere Umstände, ein anderes Publikum mit anderen Gefühlen. Man kann die Oper nicht so inszenieren wie vor hundert oder vor hundertdreißig Jahren.« Hat er Recht. Aber man darf es nicht gegen die Intention des Autors machen und das hat er gemacht damals mit den *Meistersingern*. Man kann nicht den *Rosenkavalier* inszenieren und die Feldmarschallin als eine verblödete alte Frau darstellen, das wollten die nicht, der Hofmannsthal und der Strauss. Man muss sich schon um die Intention ein bisschen kümmern, in Grenzen kümmern.

Everding:
Ich ärgere mich, Ihnen in diesem Punkt nicht widersprechen zu können. Darin haben Sie Recht. Aber das in Bausch und Bogen zu nehmen mit den Inszenierungen? Übrigens ist ein C-Dur nicht immer feierlich, ein C-Dur kann ein ironisches Musikstück sein. Ich hab es schon mal anders gesehen, dass dieses C-Dur eine Ironie auf diese essenden Meister war. Strauss – wir sind ja schließlich in Garmisch-Partenkirchen – hat das fabelhaft gesagt, er sagte: »Wahrhaft berufene Komponisten behandeln die Musik als eine ebenso präzise Sprache, wie die Wortsprache. Aber allerdings für Dinge, deren Ausdruck eben der Letzteren versagt ist.« Sehen Sie und da ist etwas, was ich bei Victor Hugo gefunden habe: »Die Musik drückt das aus, was nicht gesagt werden kann und worüber zu schweigen unmöglich ist.«

Reich-Ranicki:

Ja, Lieber, dieser Satz von Strauss ist ganz schön und nicht ganz richtig.

Everding:

»Wahrhaft berufene Komponisten behandeln die Musik als eine ebenso präzise Sprache wie die Wortsprache.«

Reich-Ranicki:

Stopp! Das stimmt eben nicht. Da kann Strauss hundert Mal so was sagen, das stimmt nicht. Die Musik kann sehr präzise, von ihm aus, etwas ausdrücken, aber ob das so präzis verstanden wird, wie ein Satz von Goethe oder Schiller, der präzis verstanden werden kann, nein! Deshalb kann die Musik, 19. Jahrhundert, auch beim frühen Strauss, da trifft das ja alles noch zu, das tief Obszöne, das die Gesellschaft nicht erlaubt, dass es im Theater nicht geben kann, dass die Gesellschaft damals – auch im Roman – nicht dulden wollte, zeigen, denn im Orchester kann alles stattfinden. Da können sie jeden Koitus darstellen wie sie wollen und das Publikum? Ein Teil versteht es, ein Teil versteht es nicht. Und wenn man den Komponisten zur Rechenschaft zieht, sagt der: »Ich habe was ganz anderes gemeint, ihr Schweine habt schmutzige Gedanken!« Wagner hätte auch bei dem Ganzen, was sich zwischen Tristan und Isolde abspielt, an nichts Sexuelles gedacht, alles spielt sich hoch im Himmel ab. Aber wir wissen, wie der Wagner es gemeint hat.

Everding:
Aber Sie können das auch umdrehen, die Musik kann nie so präzise Inhalte mitteilen, wie Worte mir einen Inhalt mitteilen können.

Reich-Ranicki:
Eben. Natürlich kann die Musik das, das ist die große Möglichkeit der Musik.

Everding:
Wir missverstehen uns schon wieder.

Reich-Ranicki:

Deshalb etwas sehr Ernstes: In ganz schrecklichen Zeiten, wo es um Leben und Tod geht, in furchtbaren Zuständen – ich will keine Details hier schildern – habe ich erlebt, dass die Musik viel stärker gewirkt hat als Literatur. Man konnte keine Gedichte, schon gar nicht Romane lesen. Aber Beethoven oder Schubert konnte man hören. Weil Beethoven und Schubert die eigenen Gedanken des Zuhörers ausgelöst haben.

Everding:

Herr Ranicki, unser Thema heute ist aber nicht »Ist im Leben eines Einzelnen die Musik wichtiger oder die Literatur?«, sondern wir haben zu besprechen bei der Erschaffung von Opern, ist dort die Musik zuerst oder das Wort, das war das Thema.

Kaiser:

Ich wollte auch ganz im Sinne von Reich-Ranicki sagen, dass der Satz von Strauss schon deshalb nicht zu halten ist, dass die Musik so deutlich wäre, weil es beispielsweise keine ironische

Musik gibt. Musik kann erstens nicht lügen und sie kann zweitens nicht ironisch sein. Sie kann selbstverständlich in verlogenen Zusammenhängen vorkommen und kann ein bisschen karikieren, aber ihrem Wesen nach ist sie dazu nicht im Stande.

Reich-Ranicki:
Kleine Zwischenfrage, ich frage ernsthaft: Ist nicht manches was Kurt Weill, was Hanns Eisler komponiert haben, ironische Musik?

Kaiser:
Das liegt am Idiom. Der Kurt Weill und der Hans Eisler haben natürlich dieses Kabarettidiom – das meine ich nicht negativ – dieses Kabarettidiom der zwanziger Jahre, dieses etwas Flotte, und wenn das mit einem großen Text zusammenkommt oder mit einem pathetischen, kann es ironisch wirken. Aber zum Beispiel die Schwierigkeiten von *Così fan tutte* rühren genau daher, dass die einen lügen und die anderen die Wahrheit sagen, aber die Musik ist gleich. Das heißt in diesem Falle hat die Musik weniger

Möglichkeiten, dafür aber – das muss ich jetzt auch sagen, dann bin ich still – das hat Mendelssohn mal gesagt, er sagte, wenn man behauptet, die Musik ist ungenauer als das Wort, dann sagt man nur die halbe Wahrheit. Sie kann natürlich über bestimmte Gefühle, etwa über Trauer oder Melancholie oder Trübsinn, da kann sie so unendlich viel mehr Schattierungen bringen als wie mit unseren armen Adjektiven, dass sie tausendmal reicher ist. Nur lustig und ironisch sein kann sie eigentlich nicht.

Everding:
Ich widerspreche Ihnen nicht, was die modischen Regisseure angeht, aber eins: Wenn man Musik »hören« kann, vor allem bei Verdi und bei Wagner, wenn man hören kann und lesen kann, liest man sogar die Regieanweisungen raus, denn Wagner war auch ein Regisseur seiner Werke. Und das können viele Regisseure nicht, sie können nicht mal Partitur lesen, sie lesen nur den Text.

Reich-Ranicki:

Herr Everding, ich bin vollkommen mit Ihnen einverstanden, das ist ja geradezu unheimlich. Nur hier ist der Fall Wieland Wagner, sehen Sie: Er hat Wagnersche Werke inszeniert, ohne sich um diese Musik zu kümmern.

Everding:

Nein, er wollte sich loslösen, das war ein ganz neues Dezennium.

Reich-Ranicki:

Das geht nicht! Dann soll er Lortzing inszenieren, wenn er sich loslösen will von Wagner. Man kann nicht Wagner inszenieren und …

Kaiser:

Er hatte ja schrecklich gelitten unter den Inszenierungen, die er in den 30er-Jahren hatte sehen müssen, so mit Brezelbuden, Meistersinger-Festwiese und so weiter und einen verrückten Naturalismus, wenn da so kleine Götter verbrannten in Walhall in der Götterdämmerung. Dass er dagegen war, das müssen Sie dem Enkel erlauben.

Reich-Ranicki:

Ja, aber alles was der Regisseur auf der Bühne in einer Oper macht, kann in Ordnung, kann legitim sein, wenn es tatsächlich aus der Partitur, aus der Musik abgeleitet wird und nicht gegen die Musik.

Everding:

Aber es kommt auch vor, dass der Komponist, und auch der Autor, kommt und hinterher sagt, selten, aber es kommt vor: »Da habe ich etwas gesehen heute Abend, was ich nicht einmal wusste, dass es in dem Werk drin ist.« Das ist die Erweiterung, jawohl. Man kann aus Musik lesen, wenn da ein Ingenium drin ist, dass der was hören kann, was er selbst nicht wusste, so groß ist der Komponist, nicht der Regisseur, sondern der Komponist.

Reich-Ranicki:

Ich weiß, so groß sind auch manche Autoren, die hinterher erfolgreichen und berühmten Regisseuren sagen: »Erst jetzt habe ich verstanden, was ich geschrieben habe.« Es ist immer gelogen! Als Karajan die Schostakowitsch-Sinfonie in Moskau dirigiert hat mit den Berliner Philharmonikern, ist Schostakowitsch hingegangen zu Karajan und hat gesagt: »Jetzt verstehe ich erst meine Musik.« Nicht ein Wort ist wahr davon, natürlich hat er gelogen. Er wollte dem Karajan freundliche Worte sagen. Seine Phantasie hat schon ausgereicht.

Everding:
Jetzt lesen Sie ja auch in Büchern etwas raus, was der Autor auch gar nicht gewusst hat, dass er es geschrieben hat.

Reich-Ranicki:
Ja und nein. Natürlich, weil jeder Mensch, der ein Buch liest, ein Theaterstück auf der Bühne sieht, ja etwas hinzufügt, nämlich seine eigene Erfahrung, sein eigenes Leben. Deshalb interessieren sich doch Leute für bestimmte Themen besonders stark und andere weniger. Warum, weil sie ihre Biografie wiederfinden. Homosexuelle lesen wahnsinnig gern Romane, in denen

Homosexuelle auftreten. Das ist ja legitim, das ist ja in bester Ordnung.

Kaiser:

Ja, aber das ist eine zu plane Erklärung, es geht viel weiter. Der Shakespeare hat den Shylock im *Kaufmann von Venedig* möglicherweise als lustige und etwas verächtliche Figur geplant und, weil er ein sehr großer Dramatiker war, hat er gesagt: »Der muss natürlich auch ein paar gute Argumente kriegen.« Er hat sicherlich nicht gewusst, was für eine ungeheure Gestalt er da gemacht hat. Es gibt doch die berühmte Frage: »Kann man einen Dichter besser verstehen als er sich selber verstanden hat.« Und da muss man antworten: Das kann man in der Tat, weil nämlich die Kunstsprache, wenn sich ein Autor auf eine Sprache einlässt, ihr eigenes Gewicht hat und die bringt den Autor vielleicht zu Sachen, die er gar nicht so unbedingt gewollt hat und plötzlich schreibt der Bertolt Brecht eine Maßnahme und plötzlich ist die Maßnahme so, dass er sie verbieten muss, weil er sagt: »Das wollte ich nicht!«, dann versucht er sie umzuändern und es klappt nicht. Oder der Thomas Mann schreibt, was weiß ich, im *Tod in Venedig* eine Geschichte, in der er eigentlich den Zusammenbruch des Preußentums vorwegnimmt, was er gar nicht wollte. Dieser Satz von Adorno klingt so blödsinnig: »Kunstwerke sind nur dann wahr, wenn sie sich selber nicht verstehen.« Und der Satz ist trotzdem tiefsinnig, weil er damit sagen wollte, Kunstwerke sind dann wahr, wenn sie besser sind als das, was der Autor nur bewusst da reingepumpt hat.

Everding:
Eine kurze Antwort, Herr Ranicki?

Reich-Ranicki:
Die kurze Antwort läuft darauf hinaus, dass Kunstwerke sich durch die sich verändernde Welt und das sich verändernde Publikum selber verändern, um es ganz kurz zu sagen. Du hast als Beispiel den Shylock im *Kaufmann von Venedig* genannt. Shylock und der Lessingsche Nathan, vor Auschwitz und nach Auschwitz, sind zwei verschiedene Figuren und es ist

kein Zufall gewesen, dass Ernst Deutsch – ich glaube, er war der erste Schauspieler, der das gemacht hat – den Höhepunkt verlagert hat. Im *Nathan* ist der Höhepunkt, weiß ja jeder, die Ringerzählung. Er hat gesagt: »Nein!« Der hat die Ringerzählung schnell und beiseite gesprochen. Na ja, ist eine ganz hübsche Geschichte. Der Höhepunkt ist die Pogrom-Erzählung im vierten Akt, für die Lessing leider nur zwölf Zeilen geschrieben hat, aber aus den zwölf Zeilen hat der Deutsch sehr viel gemacht. Das heißt, die veränderte Welt verändert das wahre, lebendige Kunstwerk. *Hamlet*! Ja, warum lebt denn der *Hamlet* bis heute? Weil ihn jede Generation anders versteht und es ist immer Shakespeares *Hamlet*.

Everding:
Ich danke Ihnen sehr, Herr Ranicki, dass Sie gerade gesagt haben, dass Literatur lebt und nicht nur in Büchern steht und dass Musik lebt, auch durch ihre Inszenierung und Interpretationen lebt und weiterlebt. Wir haben uns vorgenommen, dass wir uns den Fragen stellen, die

aus dem Publikum an uns kommen. Ich sehe es schon seit einiger Zeit, als Ersten muss ich Herrn Prawy bitten, der war jetzt schon fast zwei Stunden so aufgeregt. Herr Prawy, bitteschön: Sie dürfen zu allem, was Ihnen missfallen hat, etwas sagen.

Prawy:
Erst muss ich sagen, ich fand es außerordentlich interessant und ich habe mitgeschrieben in der Reihenfolge wie ich es gehört habe und kann nur das sagen, was mir nach den Antworten vielleicht noch erwähnenswert erscheint. Erstens, Librettist ist ein eigener Beruf. Ein Librettist hat zu wissen, dass er Sachen schreibt, die am Schluss nicht ganz gehört werden. Bei weitem der interessanteste Briefwechsel ist nicht Strauss und Hofmannsthal, weil er atypisch ist. Der einzige Fall eines großen Dichters als Librettisten: Lesen Sie Illica und Puccini, wo studiert wird, welche Worte sollen verstanden werden, welche Worte brauchen nicht verstanden zu werden. Das ist der Hauptzweck der Diskussion von Komponist und Librettist.

Zu Herrn Reich-Ranicki: *Der Troubadour* als Sprechstück ist ein Hauptwerk der spanischen Literatur, heißt El Trovador, geschrieben 1836 von García Gutiérrez, und wird in Spanien beinahe dem Calderon gleichgestellt. Es war mit diesem Meisterwerk so, dass Salvadore Cammarano, Verdis Textdichter, während der Arbeit gestorben ist und Verdi schon nurmehr an *Traviata* gearbeitet hat. Daher sind die Gelenke im *Troubadour*, der ein phänomenales Buch ist, etwas schlechter geölt als bei *Rigoletto* und anderen Meisterwerken.

Ich habe mir etwas notiert, ich will es nicht laut sagen: Im Wiener Burgtheater unter der Leitung von Peymann versteht man wenige Worte, beim Domingo versteht man alles. Herr Reich-Ranicki hat angespielt auf eine Oper von Massenet, ich nehme an, Sie meinen die *Hérodiade*, die Salome von Massenet. Also, bei uns[*] wird das gespielt mit Domingo, mit Carreras, mit Herrn Larin und das ist immer gleich interessant. Bitte, das ist weniger wichtig.

---

[*] Gemeint ist: Wiener Staatsoper

Das Wunder der Oper, an dem sind Sie alle vorbeigegangen, das Wunder der Oper ist, dass man immer für die Marschallin zittert, dass man immer wartet auf Octavian, zum hundertsten Mal warten Sie im *Rosenkavalier*, ob Octavian vielleicht doch bleibt und zittern, ob die Carmen ermordet wird. Hunderte Male, nicht im Sprechstück, da sagen Sie, sie kennen es schon. Ewig zittern sie, ob die Carmen ermordet wird.

Ich möchte keinen Kommentar abgeben zu den sonst sehr interessanten Äußerungen von Herrn Reich-Ranicki, wie schlecht der *Tristan*-Text ist, das ist unter meiner Würde darüber eine Stellungnahme abzugeben.

Wo sind die Stars der Sprechbühne? Die heutigen Stars sind Claudia Schiffer und Naomi Campbell. Ich glaube, sonst habe ich nichts mehr.

Ja, zum Abschluss möchte ich sagen, dass ich etwas mache in Wien, mit dem größten Erfolg, was ich allen ans Herz lege, insbesondere Herrn Everding, der die Möglichkeit hat es zu verwirklichen. Es ist ein unbeschreiblicher Erfolg in Wien, nicht wegen mir. Ich mache mit den ersten Schauspielern der Stadt, mit der allerersten Besetzung, im Volkstheater Lesungen der Opern-Libretti, die über die Lesungen hinausgehen. Es wird ein bisschen agiert, manche Teile sind auswendig, andere sind nicht auswendig. Der Ring wird gesprochen, wiederholt und wiederholt. Ich habe *Frau ohne Schatten, Elektra*, *Salome* und den Ring gemacht, ich mache als nächstes *Tosca* und *Tristan*, nicht wegen meiner Persönlichkeit, sondern weil es so phänomenal wirkungsvoll ist. Und sonst war es sehr interessant und das hatte ich zu sagen.

Everding:
Eine weitere Wortmeldung? Ich weiß, nach Prawy ist das schwer, aber bitte … Dr. Frei.

Frei:
Ich wollte vor so einem Gremium ein paar Worte sagen: dass auch ein sozusagen einfacher Musikfreund sich zu diesem Thema äußert. Es ist ja wirklich schwer, etwas Sinnvolles zu sagen, wie wir ja auch schon gehört haben, wir sind ja auch noch zu keinem Ergebnis gekom-

men. Aber ich möchte einen Versuch wagen: Die Figuren in Opern, über die reden wir ja hier vor allem, stehen in der Regel unter einem besonderen Druck oder sind in einer besonderen Leidenschaft oder in einem besonderen Gefühl, wie auch immer. Das ist keine Routine, die sich da abspielt, da geht es um besondere Dinge. Wollte man diese besonderen Dinge, diese besonderen Gefühle, Ängste, Leidenschaften, Hilflosigkeiten, was auch immer, mit Worten beschreiben, müsste man riesige Monologe zulassen, müsste man ganze Passagen schreiben, müsste man das im Grunde in Romanform machen. Und selbst dann würde man es wahrscheinlich nicht annähernd so genau treffen, wie man das mit der Musik in wenigen Takten, in wenigen Akkorden kann, wobei »genau« natürlich in Anführungsstrichen steht. Und irgendwo ist die Musik auch eine Sprache – es gibt ja diesen Ausdruck, die Sprache der Seele – die wir noch nicht entziffern können, deren Code wir noch nicht haben, wie die Keilschrift auch lange Zeit nicht entzifferbar war, aber das ist natürlich ein anderes Beispiel, klar. Und wir haben noch keinen

Code, noch kein Alphabet für die musikalische Sprache, für Töne, für Rhythmen, für Akkorde, aber ich sage das mal so, ich wage die Hypothese, dass die Musik bei dem Hörer Assoziationen auslöst, die etwas mit seinen Gefühlen, mit seinem Unterbewusstsein, mit ganz wichtigen Dingen zu tun haben, die zwar stattfinden, er aber nicht in Worten definieren kann. Und deswegen lieben wir die Oper und deswegen ist die Musik da wichtiger.

Reich-Ranicki:
Nur zwei Punkte: Herr Prawy hat hier etwas gesagt, was weiß Gott legitim ist. Sie haben Angst, sie warten darauf, was wird mit der Carmen passieren, wird sie nun am Ende erstochen oder wird sie nicht erstochen. Mit Unruhe erwarten Sie das, in der Sprechbühne nicht, aber in der Oper sehr wohl und das ist das Wunder der Oper. Gut, ich kann Ihnen nicht folgen. Ich weiß genau, sie wird am Ende erstochen, die Carmen! Meine Unruhe ist nur, wie wird das gesungen werden am Ende, wie wird das stattfinden, aber ich weiß doch, wir kennen doch den Gang der

Handlung. Herrgott, am Ende kann der Lohengrin singen: »Nie sollst du mich befragen«, aber er wird doch befragt werden und am Ende wird er abreisen, der Lohengrin. Also, ich sehe dieses Wunder der Oper nicht. Das Wunder der Oper besteht vielleicht darin, dass – das ist von Herr Everding schon gesagt worden, ich kann es noch einmal sagen – bestimmte inhaltliche Elemente eines Bühnenwerks, vom Orchester und von der Musik vermittelt werden und zwar solche, die unserem Gefühl nach das Wort auszudrücken nicht imstande ist. Das ist es, was die Oper unterscheidet von einem Stück von Schiller oder Büchner und das ist ein gewaltiger Unterschied.

Everding:
Ich bin so glücklich darüber, was Sie eben gesagt haben! Sie haben gesagt: Sie wissen wie das ausgeht, aber Sie möchten wissen, wie es gesungen wird und haben hinzugefügt, – als Ehrenrettung für die Regisseure – Sie möchten wissen, wie es stattfindet. Wie findet es statt? Und das macht der Regisseur, nicht Sie!

Im Übrigen, Herr Dr. Frei, wir sind hier heute Morgen nicht zusammengekommen, um eine Lösung zu finden. Die Lösung ist nicht zu finden. Oder meine Herren? Ist das Fragezeichen zu beantworten, Herr Dr. Kaiser?

Kaiser:

Nein, es ist auch nicht zu erwarten, dass irgendwann mal jemand kommt und sagt: »Ich kann euch erklären, was für einen Affekt ein Cis-Moll-Akkord und was für eine Bedeutung eine B-Dur-Kantilene hat.« Das heißt, dass man das Lebendige sozusagen auf Begriffe bringen will und damit geht es schief. Mir ist die Diskussion in der letzten Zeit – und das ist auch meine Schuld – ein bisschen zu sehr so gelaufen, als ob in der Oper lauter Affekte vorkommen und das Schauspiel ist nur intellektuell. Das stimmt natürlich nicht. Im Gegenteil, das Problem des Pathos, gegen das sich in der Oper der Regisseur wehrt, weil er sagt: »Ich kann die *Meistersinger* nicht mit dieser Festwiese machen«, das Problem des Pathos ist natürlich bei dem Schauspiel ganz genauso und zwar bei den Versen.

Wenn Sie vorher gesagt haben, lieber Herr Everding, die Leute haben nach 1968 quasi Verse gesprochen, als ob es Konversationstheater wäre, das war ein Widerstand gegen diese Meiningerei, also die überakzentuierte Betonung, dann muss man sagen, wenn man das Schauspiel vom Blankvers trennt, wenn man also so tut, als ob man die Hauptvers-Art des großen Theaters bei Shakespeare, bei Lessing, auch bei Schiller, bei Goethe, auch bei Grillparzer, als ob man das quasi in Konversationston zurückübersetzen kann, dann nimmt man dem Schauspiel die Kunstdimension. Wenn es aber diese Kunstdimension hat, und die hat es natürlich im *Tasso* und in der *Iphigenie* in hoher Weise, wenn es sie hat, dann darf man nicht sagen: »Ich will jetzt antireagieren und ich streiche sie einfach weg!« Es gibt von Ernst Bloch einen Aufsatz, den hat er glaube ich 1930 geschrieben, der heißt *Die Kunst, Schiller zu sprechen*. Auch damals, da gab es ja schon die Neue Sachlichkeit und den Expressionismus und da musste man sich das überlegen, da sagte er: »Vielleicht muss man es besonders schnell sprechen, vielleicht muss man es strukturell sprechen, vielleicht muss man es gegen den Strich sprechen, damit es nicht peinlich ist.« Also peinlich war es auch, aber fertig werden muss man damit natürlich trotzdem. Und wenn Herr Prawy sagte, die Diskussion ist doch ganz und gar daran vorbeigegangen, dass ich auch beim 99. Mal wissen will, wie also die Carmen stirbt und ob sie stirbt, dann kann ich nur sagen, von nichts anderem redete ich, so gut ich konnte zehn Minuten vorher, als ich sagte, auch wenn man weiß, dass das Gretchen stirbt, der Moment so stark ist, dass man eben doch nicht sicher ist und mit ihr fühlt. Also da haben wir uns nicht etwa missverstanden, sondern Sie haben mich überhört. Aber das ist alles, was ich sagen wollte.

Everding:
Herr Reich-Ranicki, eins muss ich noch anbringen, weil Sie sagten, in München ist die Oper vielleicht gut und in Itzenblitz eher weniger. Sie haben mal gesagt: »Um zu beurteilen wie eine Suppe schmeckt, brauche ich nicht zu wissen wie sie zubereitet wird.« Aber sollte Ihre Kri-

tik oder die Kritik generell nicht berücksichtigen, ob das in einer perfekt eingerichteten Küche geschah oder auf Bunsenbrennern? Müssen Sie das nicht auch beurteilen?

Reich-Ranicki:
Nein, nein, nein, das nun nicht. Das geht nicht. Wir können nicht von der Kritik verlangen, dass sie da über eine *Traviata* in Flensburg schreibt und sagt: »Wir müssen berücksichtigen, leider konnte nur zwölf Tage geprobt werden.«, Es ist das Endergebnis zu beurteilen und der Kritiker kann sich nicht damit beschäftigen, immer wieder auf mildernde Umstände einzugehen.

Aber ich will eine andere Sache hier noch berühren, über die wir kaum ein Wort hier gesagt haben, die mir sehr wichtig ist beim Problem Sprache, Musik, was zuerst und dergleichen: Es hat wohl, wenn ich es richtig sehe, mit der Strauss'schen *Salome* begonnen, ich weiß nicht, ob es das vor ihr schon einmal gegeben hat, ich kann mich an keinen Fall erinnern, aber es wird auch solche gegeben haben, dass ein vorhandenes Drama übernommen wurde vom Komponisten und komponiert wurde. Natürlich hat Strauss die Übersetzung von der Lachmann hier und da korrigiert, natürlich hat er ein bisschen gekürzt, aber an sich ist es das Wildesche Drama. Seitdem haben wir viele solche Versuche, gleich bei Strauss sofort hinterher die *Elektra*, die war ja kein Libretto, sondern ein vorhandenes Theaterstück, das er komponiert hat. Nun ist Folgendes passiert: Alban Berg hat die *Lulu* genommen, die beiden Stücke, die er vereint hat von Wedekind und den *Wozzeck* von Büchner. Henze hat sich den *Prinz von Homburg* dann ein bisschen einrichten lassen, aber mehr oder weniger den Kleistschen Text beibehalten und dann hat der Gottfried von Einem, glaube ich, der hat *Dantons Tod* komponiert. Das ist eine ganz gefährliche Geschichte, wenn das gut geht, na ja. Nehmen wir ein Beispiel, ein glänzendes, nämlich den *Wozzeck*, eine herrliche Oper, da sind wir uns einig, brauchen wir nicht zu diskutieren, eine der wichtigsten Opern wahrscheinlich dieses Jahrhunderts. Dennoch, ein missbrauchtes Stück. Da hat einer ein Drama von höchster Qualität genommen, um daraus eine Oper zu machen, hat manches ausgedrückt, was vielleicht bei Büchner nicht drinstand, mit Hilfe des Orchesters. Aber das, was bei Büchner drin stand im Text, hat er zum großen Teil kaputt gemacht, denn man versteht es überhaupt nicht, es ist sehr schwer zu verstehen, nur partiell. Und die Frage ist zu stellen, ob das eigentlich zulässig ist. Um es ganz kurz zu machen, ein Trivialbeispiel, ganz ein triviales Beispiel: Nehmen wir mal an, *Pygmalion* von Georg Bernhard Shaw, daraus ist ein Musical geworden, *My fair Lady*, das Stück ist verloren, es wird nicht mehr gespielt. Schadet nichts, so ein Meisterwerk war *Pygmalion* nicht. Aber *Dantons Tod* oder *Woyzeck* sind Meisterwerke der deutschen Literatur. Nur, die Musik ist nicht so populär, dass die Stücke als Sprechstücke kaputt gemacht worden wären. Aber die *Elektra* hat Strauss erledigt, die gibt es nicht mehr, die *Elektra* von Hofmannsthal, es gibt nur noch die Oper. Auch hier sage ich, so ein geniales Stück war die *Elektra* als Sprechstück nicht, ich kann den Verlust verschmerzen. Aber wenn das so weiter geht, wird es schlimm sein.

Everding:

Ich muss unterbrechen, ich brenne Ihnen zu antworten, aber ich muss leider an Herrn Kaiser übergeben, bitte.

Kaiser:

Wenn Sie so ungern übergeben, dann muss ich mich ja echt bemühen. Ich glaube, Sie haben beim *Wozzeck* unrecht. Der *Wozzeck*, das sind ganz kurze expressionistische Szenen, wenn der Andres plötzlich sagt, »Mir ist unheimlich, da sind die Freimaurer«, oder wenn die Marie singt: »Mädel, was fängst du jetzt an«, oder wenn die Liebesszene vorkommt, das sind ja immer nur Sätze und diese Sätze versteht man. Das Problem bei dem, was Sie jetzt ansprechen, ist das einer Literaturoper. Und mir fällt auf, dass Literaturopern dazu führen, dass sie so wahnsinnig symphonisch komponiert werden. Es haben nämlich alle Komponisten von Rang Angst davor, etwas zu tun, was man abschätzig am Text entlang komponieren nennt. Das heißt, man hat einen großen Text und jetzt komponiert man eins nach dem anderen. Infolgedessen bauen sie, das fängt wirklich bei der Salome an, da haben Sie ganz recht, ein riesiges Orchester dazu, um Zwischenspiele zu haben, um etwas machen zu können. Aber dass der *Wozzeck* durch den Berg kaputt gemacht worden wäre, wo doch viele Menschen überhaupt erst durch die Musik die Bedeutung der Marie begriffen haben, weil die Marie in dem Stück ja relativ kurz vorkommt, das sind ja nur ganz winzige Szenen, das würde ich leugnen. Also, ich bin froh, dass es sowohl den *Wozzeck* von Berg als auch von Büchner gibt und man sieht ja auch, dass beide, sowohl der Büchner als auch der Berg, immer wieder gespielt werden.

Reich-Ranicki:
Ich bin einverstanden!

Everding:
Mein Gott! Meine Damen und Herren, diese Diskussion bekommt historische Ausmaße!

Kaiser:
Mozart kam zu wenig.

Everding:

Mozart kam zu wenig vor, da haben Sie Recht..

Everding:

So oft totgesagt, diese Oper und immer wieder so lebendig, so oft angefeindet und immer wieder unser Partner, so oft unser Gegner und immer wieder unser Liebhaber. Ein Schlusswort bitte, Herr Kaiser, Herr Reich-Ranicki und dann habe ich noch einmal das Wort.

Kaiser:

Ich kann mir gut vorstellen, im Menschenleben geht manches vorbei, sodass man sich irgendwann auch einmal sagt: »Ich bin des Operntreibens müde, ich möchte mir jetzt doch lieber die große Kammermusik von Mozart und Brahms vornehmen.« Der T.S. Eliot hat mal sehr schön gesagt: »Es gibt ganz wenige Dinge auf der Welt, mit denen man sich ein Leben lang beschäftigen will«, und er meint Dante gehört dazu. Als ich zum Beispiel das letzte Jahr in Bayreuth war, da waren die Aufführungen für mein Empfinden derart kläglich, derart läppisch am Text vorbeigespielt. Als ich den *Tristan* sah und der Heiner Müller mir beweisen wollte, dass Tristan die Isolde nicht liebt, dass sie beide, als ob sie pestkrank wären, einander auswichen, das hat mich so gekränkt und die Musik habe ich auch schon mal besser und größer gehört. Es könnte also sein – und das wäre ein Unglück für mich, denn ich habe das alles sehr geliebt – es könnte sein, dass man mal sagt, »Ach, jetzt ziehe ich mich doch lieber aufs Streichquartett oder aufs Schubert-Lied zurück.« So weit bin ich noch nicht. Aber man muss sich diese Gefahr auch vorstellen und mittelmäßige Aufführungen sind schlimmer als schlechte.

Reich-Ranicki:
Der Überdruss an Opern, bestimmten Opern, ist aber ein bisschen eine Krankheit von Fachleuten, eine Berufskrankheit. Das Publikum ist, glaube ich, nicht so unglücklich, wenn wieder der *Don Giovanni* und wieder der *Rosenkavalier* oder der *Figaro* gespielt wird. Manche Kritiker sagen, sie können es nicht mehr aushalten, machen zwei Jahre Pause und kehren zurück zu

diesen Opern. Ich glaube, dass die Oper deshalb so eine ungeheure Überlebenskraft hat, aus vielen Gründen, die hier Herr Everding genannt hat, aber der eine Grund ist, dass sie immer wieder die allerbesten Komponisten gereizt hat, ihre Arbeitskraft, ihre Phantasie in eine menschliche Handlung zu investieren und es nicht bei einem Streichquartett oder bei der Sonate zu belassen, sondern Figuren auf der Bühne zu zeigen und deshalb wird sie am Leben bleiben.

Everding:

Herzlichen Dank. Wie Sie schließen und alle Fragen bleiben offen. Ich aber darf schließen aus *Capriccio*, das verbindet uns, das Gespräch zwischen Flamand und Olivier: »Da sind wir also, verliebte Feinde, freundliche Gegner. Wort oder Ton? Sie wird es entscheiden! Prima le parole – dopo la musica! Prima la musica – dopo le parole!« Ton und Wort sind Bruder und Schwester. Ein gewagter Vergleich!« Ich danke Ihnen meine Damen und Herren, danke Ihnen meine Herren hier oben, danke mir, dass ich Sie ertragen durfte. Dankeschön!

Eine Talkshow

– ist eine Talkshow ist eine Talkshow… Heutzutage oft gescholten ob ihrer Austauschbarkeit und Eindimensionalität des oberflächlichen Schlagabtauschs sich ähnelnder Floskeln. Früher hießen diese Sendungen nicht Talkshows, sondern Gesprächsrunden. Das waren noch Zeiten, in denen an einem runden Tisch mit klugen und widerstreitenden Argumenten gestritten, mit gepflegten und gut gesetzten Worten um den Kern gerungen wurde. Zuhören und ausreden lassen. Es herrschte noch Diskussionskultur.

1995 gemeinsam an einem Tisch: Drei herausragende Persönlichkeiten der damaligen kulturellen Welt. August Everding, der feinsinnige und verbindliche Kommunikator, Marcel Reich-Ranicki, der extrovertierte Rebell mit dem weichen Kern sowie Joachim Kaiser, der verschmitzte und blitzscharfe Denker.

Drei Koryphäen aus Musik und Literatur diskutieren einen Dauerbrenner. Ein zeitloses, immer wieder aktuelles Phänomen. Prima la musica, dopo le parole. Was ist wichtiger in der

Welt der Oper? Was hat Vorrang? Die Musik – oder die Worte? Diese Konkurrenzsituation zwischen Musik und Wort wurden in der Opern von Antonio Salieri »Prima la musica, poi le parole« und »Capriccio« von Richard Strauss zum Thema gemacht. Durchdekliniert in zahlreichen Abhandlungen – aber nie so grundlegend und geistreich diskutiert wie in dieser Gesprächsrunde!

Ich hatte das Glück als junge Fernsehredakteurin diese einmalige Star-Formation, das Trio August Everding, Marcel Reich-Ranicki und Joachim Kaiser im Rahmen der »Richard Strauss Tage« 1995 in Garmisch-Partenkirchen zu erleben und zu »bändigen«. Drei Alpha-Tiere im ZDF/3sat mit einem jeweils sehr hohen Grad an sympathischen Eitelkeiten. Wer sitzt wo am Tisch, welche Kameras sind in welcher Größeneinstellung auf wen gerichtet, welchen Redeanteil hat wer – gerade, was nachher auf dem Schirm scheinbar selbstverständlich zum Zuschauer dringt, bedarf der minutiösen Vorbereitung, genauen Absprachen mit den Protagonisten sowie dem Fernsehteam.

August Everding war als Moderator dieser Gesprächsrunde die perfekte Besetzung. Ich kannte ihn von zahlreichen Begegnungen. Verlässlich, charmant und mit allen musikalischen Wassern gewaschen. Er war regelmäßiger Gastgeber in unserer 3sat-Studiosendung *Da capo*. Hier interviewte er über viele Jahre Sängerinnen und Sänger, lebende Legenden. Von Birgit Nilsson über Kurt Moll und René Kollo bis zu Grace Bumbry.

Marcel Reich-Ranicki war ich vor dieser Veranstaltung noch nicht persönlich begegnet. Er faszinierte mich vor Ort mit seiner Spontaneität und seinem Humor. Später wurde er zur Legende als Gastgeber des *Literarischen Quartetts* im ZDF. Auch als Gesprächspartner in meinen eigenen TV-Dokumentationen war er mein Favorit. Keiner von den vielen »O-Ton-Gebern«, die ich jemals vor der Linse hatte, trat so leidenschaftlich auf, konnte so präzise auf den Punkt formulieren. Und: Er liebte die Musik mindestens ebenso wie die Literatur und das Leben.

Der damals dritte Musik- und Medienprofi im Bunde war Joachim Kaiser. Es ist ein Vergnügen seinen wohl gewählten Worten zu folgen und seinen feinsinnigen Zwischentönen nachzuspüren. Später war er auch für meine Dokumentationen einer meiner Lieblings-Gesprächspartner, unter anderem in meinem Film über die »Richard Strauss Tage 2005«. Keiner war in seinen Kommentaren so eloquent und hintergründig zugleich.

Bis heute werde ich immer wieder von Zuschauern, Kollegen und Musikliebhabern auf diese lang zurückliegende Sendung angesprochen. Drei herausragende Persönlichkeiten diskutieren über ein in unserer heutigen Zeit scheinbar nebensächliches Thema. So profund und enthusiastisch, dass es eine Freude ist. Als Verbündete im Geiste schlagen sie Brücken in unsere Zeit, zum Zuschauer und nun auch zum Leser.

Danke von Herzen, dem Westend Verlag, für die »Neuentdeckung« der alten Runde.

Martina Mattick-Stiller
TV-Kulturredakteurin ZDF/3sat

Glossar

Achim von Arnim (* 26. Januar 1781 in Berlin; † 21. Januar 1831 in Wiepersdorf; dt. Schriftsteller, wichtiger Vertreter der Romantik)

Aida (Oper in vier Akten von Giuseppe Verdi, Libretto von Antonio Ghislanzoni)

Alban Berg (* 9. Februar 1885 in Wien; † 24. Dezember 1935 ebenda; österr. Komponist)

Albert Lortzing (* 23. Oktober 1801 in Berlin; † 21. Januar 1851 ebenda; dt. Komponist, Librettist, Schauspieler, Sänger und Dirigent)

Alceste (Oper in drei Akten von Christoph Willibald Gluck; Libretto von Ranieri de`Calzabigi)

Alfred Kerr (* 25. Dezember 1867 in Breslau; † 12. Oktober 1948 in Hamburg; dt. Schriftsteller, Theaterkritiker und Journalist)

Antonio Salieri (* 18. August 1750 in Legnago, Republik Venedig; † 7. Mai 1825 in Wien, Kaisertum Österreich; ital. Komponist)

Ariadne auf Naxos (Oper von Richard Strauss, Libretto von Hugo von Hofmannsthal)

Aribert Reimann (* 4. März 1936 in Berlin; dt. Pianist, Komponist und Musikwissenschaftler)

Arie (Sologesangsstück mit Instrumentalbegleitung)

Arrigo Boito (* 24. Februar in Padua als Enrico Guiseppe Giovanni Boito; † 10. Juni 1918 in Mailand; ital. Schriftsteller, Librettist und Komponist)

Arturo Toscanini (* 25. März 1867 in Parma; † 16. Januar 1957 in New York; ital. Dirigent)

Berthold Brecht (* 10. Februar 1898 als Eugen Berthold Friedrich Brecht in Augsburg; † 14. August 1956 in Ost-Berlin; dt. Dramatiker, Librettist und Lyriker)

Burgtheater Wien (österreichisches Bundestheater; gilt als eine der bedeutendsten Bühnen Europas)

Capriccio (Oper von Richard Strauss)

Carl-Maria von Weber (* 18. oder 19. November 1786 in Eutin; † 5. Juni 1826 in London; dt. Komponist, Dirigent und Pianist)

Carmen (Oper in vier Akten von Georges Bizet, Libretto von Henri Meilhac und Ludovic Halévy nach der gleichnamigen Novelle von Prosper Mérimée)

Choral (ein Begriff der Kirchenmusik, der die Einstimmigkeit einer gesungen Melodie beschreibt)

Christoph Willibald Gluck (* 2. Juli 1714 in Erasbach; † 15. November 1787 in Wien; dt. Komponist)

Clara Josephine Schumann (* 13. September 1819 in Leipzig; † 20. Mai 1896 in Frankfurt am Main; dt. Pianistin und Komponistin)

Claus Peymann (* 7. Juni 1937 in Bremen als Klaus Eberhard Peymann; dt. Theaterregisseur)

Clemens Krauss (* 31. März 1893 in Wien; † 16. Mai 1954 in Mexiko-Stadt, österreichischer Dirigent und Theaterleiter)

Cosi fan tutte (Oper in zwei Akten von Wolfgang Amadeus Mozart)

Dante Alighieri (* Mai 1265 in Florenz; † 14. September 1321 in Ravenna; Dichter und Philosoph italienischer Sprache)

Dantons Tod (Drama in vier Akten von Georg Büchner)

Der Kaufmann von Venedig (Theaterstück von William Shakespeare)

Der Rosenkavalier (Oper in drei Aufzügen; Musik von Richard Strauss, Libretto von Hugo von Hofmannsthal)

Der Schauspieldirektor (Singspiel in einem Aufzug von Wolfgang Amadeus Mozart; Libretto von Johann Gottlieb Stephanie)

Der Troubadour (Oper in vier Akten von Giuseppe Verdi, Libretto von Salvadore Cammarano)

Der Turm (Trauerspiel in fünf Akten von Hugo von Hofmannsthal)

Der zerbrochene Krug (Komödie in Blankversen von Heinrich von Kleist und eines seiner bekanntesten Werke)

Des Knaben Wunderhorn (eine Sammlung von Volksliedtexten zwischen 1805 und 1808 in drei Bänden von Clemens Brentano und Achim von Arnim)

Die ägyptische Helena (Oper in zwei Akten von Richard Strauss, Libretto von Hugo von Hofmannsthal)

Die Entführung aus dem Serail (Singspiel in drei Akten von Wolfgang Amadeus Mozart; Libretto von Johann Gottlieb Stephanie)

Die Meistersinger von Nürnberg (Oper in drei Akten von Richard Wagner)

Die Räuber (Drama in fünf Akten von Friedrich Schiller)

Die Walküre (Titel des zweiten Teils von Richard Wagners Tetralogie »Der Ring des Nibelungen«)

Dmitri Dmitrijewitsch Schostakowitsch (25. September 1906 in Sankt Petersburg; † 9. August 1975 in Moskau; russ. Komponist, Pianist und Pädagoge)

Edita Gruberova (* 23. Dezember 1946 in Rača; slowak. Opernsängerin)

Ein Heldenleben (Sinfonische Dichtung von Richard Strauss)

Elektra (Oper in einem Aufzug von Richard Strauss)

Ella Lachmann (* 1870 in Hamburg; † nach 1902; dt. Opernsängerin)

Ernst Bloch (* 8. Juli 1885 in Ludwigshafen am

Rhein; † 4. August 1977 in Tübingen; dt. Philosoph)

Ernst Deutsch (* 16. September 1890 in Prag; † 22. März 1969 in West-Berlin; österr. Schauspieler)

Eugene Ionesco (* 26. November 1909 in Slatina; † 28. März 1994 in Paris; französisch-rumänischer Autor und Dramaturg)

Expressionismus (Stilrichtung in der Kunst gegen Ende des 19. Jahrhunderts und Gegenbewegung zum Naturalismus)

Falstaff (Oper in drei Akten von Giuseppe Verdi, Libretto von Arrigo Boito basiert auf William Shakespeares »Die lustigen Weiber von Windsor«)

Faust (Tragödie von Johann Wolfgang von Goethe; gilt als eines der bedeutendsten Werke der dt. Literatur)

Felix Mendelssohn-Bartholdy (* 3. Februar 1809 in Hamburg; † 4. November 1847 in Leipzig; dt. Komponist, Pianist und Organist)

Fidelio (Oper von Ludwig von Beethoven in zwei oder drei Akten; Libretto von Joseph Sonnleitner, Stephan von Breuning und Georg Friedrich Treitschke)

Frank Wedekind (* 24. Juli 1864 als Benjamin Franklin Wedekind in Hannover; † 9. März 1918 in München; dt. Schriftsteller, Dramatiker und Schauspieler)

Franz Grillparzer (* 15. Januar 1791 in Wien; † 21. Januar 1872 ebenda; österr. Schriftsteller)

Franz Lehár (* 30. April 1870 in Komorn; † 24. Oktober 1948 in Bad Ischl; österr. Komponist)

Franz Schubert (* 31. Januar 1797 in Wien; † 19. November 1828 ebenda; österr. Komponist)

Frau ohne Schatten (Oper in drei Aufzügen von Richard Strauss)

Friedrich Schiller (* 10. November 1759 in Marbach am Neckar; † 9. Mai 1805 in Weimar; dt. Dichter, Philosoph und Historiker)

Friedrich Schlegel (* 10. März 1772 in Hannover; † 12. Januar 1829 in Dresden; dt. Kultur-philosoph, Schriftsteller, Literatur- und Kunst-kritiker, Historiker und Altphilologe)

Friedrich Wilhelm Nietzsche (* 15. Oktober 1844 in Röcken; † 25. August 1900 in Weimar; dt. Philosoph, Dichter und Komponist)

Fuge (der sog. Fugensatz, wird nach strengen Regeln komponiert und war in der Zeit von 1650 bis 1750 besonders beliebt. Dabei kommen ein oder mehrere Themen in den verschiedenen Stimmen nacheinander wiederholt vor)

Garcia Gutierrez (* 5. Juli 1813 in Chiclana de la Frontera Provinz Cádiz; † 6. August 1884 in Madrid; span. Dichter, Dramenautor und Librettist)

Georg Bernhard Shaw (* 26. Juli 1856 in Dublin; † 2. November 1950 in Ayot Saint Lawrence; irischer Dramatiker, Politiker und Musik-kritiker)

Georg Büchner (* 17. Oktober 1813 in Goddelau; † 19. Februar 1837 in Zürich; dt. Schriftsteller, Mediziner und Naturwissenschaftler)

Georg Solti (* 21. Oktober 1912 in Budapest; † 5. September 1997 in Antibes; ungarisch-britischer Dirigent)

Ghislanzoni (* 25. November 1824 in Barco di Maggianico; † 16. Juli 1893 in Caprino Bergamasco, Italien; ital. Schriftsteller und Librettist)

Giacomo Puccini (* 22. Dezember 1858 in Lucca; † 29. November 1924 in Brüssel; ital. Komponist)

Giambattista Casti (* 29. August 1724 in Acquapendente; †5. Februar 1803 in Paris; ital. Dichter und Satiriker)

Giulio Caccini (* 8. Oktober 1551 in Rom; † 10. Dezember 1618 in Florenz; ital. Komponist und Sänger)

Götterdämmerung (Titel des vierten Teils von Richard Wagners Tetralogie »Der Ring des Nibelungen«)

Gottfried von Einem (* 24. Januar 1918 in Bern; † 12. Juli 1996 in Oberdürnbach; österr. Komponist)

Gotthold Ephraim Lessing (* 22. Januar 1729 in Kamenz; † 15. Februar 1781 in Braunschweig; bedeutender dt. Dichter)

Guiseppe Verdi (* 9. Oktober oder 10. Oktober 1813 in Le Roncole; † 27. Januar 1901 in Mailand)

Günther Grass (* 16. Oktober 1927 in Danzig; † 13. April 2015 in Lübeck; dt. Schriftsteller, Bildhauer, Maler und Grafiker)

Guntram (Oper von Richard Strauss; Libretto von Richard Strauss)

Hamlet (Theaterstück von William Shakespeare)

Hanns Eisler (* 6. Juli 1898 in Leipzig; † 6. September 1962 in Berlin; österr. Komponist)

Hans Knappertsbusch (* 12. März 1888 in Elberfeld; † 25. Oktober 1965 in München; dt. Dirigent)

Hans Sachs (* 5. November 1494 in Nürnberg; † 19. Januar 1576 ebenda; dt. Meistersinger , Dramatiker, Spruchdichter und Schuhmacher)

Heiner Müller (* 9. Januar 1929 in Eppendorf; † 30. Dezember 1995 in Berlin; einer der bedeutendsten deutschsprachigen Dramatiker und Schriftsteller der zweiten Hälfte des 20. Jahrhunderts)

Heinrich Kleist (* 18. Oktober 1777 in Frankfurt (Oder); † 21. November 1811 am Stolper Loch, heute Kleiner Wannsee; dt. Dramatiker, Erzähler, Lyriker und Publizist)

Hein-Werner Henze (* 1. Juli 1926 in Gütersloh; † 27. Oktober 2012 in Dresden; dt. Komponist)

Heinrich Heine (* 13. Dezember 1797 als Harry Heine in Düsseldorf; † 17. Februar 1856 in Paris; dt. Dichter, Schriftsteller und Journalist)

Henriette Sonntag (* 3. Januar 1806 in Koblenz;

† 17. Juni 1854 in Mexiko-Stadt; dt. Opernsängerin)

Herbert von Karajan (* 5. April 1908 in Salzburg; † 16. Juli 1989 ebenda; österr. Dirigent)

Herodiade (Oper in vier Akten von Jules Massenet, Libretto von Paul Milliet und Henri Grémont basierend auf der Novelle »Hérodias« von Gustave Flaubert)

Honoré de Balzac (* 20. Mai 1799 in Tours; † 18. August 1850 in Paris; franz. Schriftsteller)

Hugo von Hoffmannthal (* 1. Februar 1874 in Wien; † 15. Juli 1929 in Rodaun bei Wien; österr. Schriftsteller, Dramatiker, Lyriker sowie Librettist)

Il Dissoluto punito ossia il Don Giovanni (Oper in zwei Akten von Wolfgang Amadeus Mozart, Libretto von Lorenzo Da Ponte)

Intermezzo (Oper in zwei Aufzugen von Richard Strauss; Libretto von Richard Strauss)

Iphigenie auf Tauris (Schauspiel von Johann Wolfgang von Goehte)

Jean-Paul Sartre (* 21. Juni 1905 in Paris; † 15. April 1980 ebenda; franz. Philosoph, Romancier, Dramatiker und Publizist)

Jean-Pierre Ponnelle (* 19. Februar 1932 in Paris; † 11. August 1988 in München; franz. Opernregisseur und Bühnen- und Kostümbildner)

Johann Gottlieb Stephanie (* 19. Februar 1741 in Breslau; † 23. Januar 1800 in Wien; österr. Schauspieler, Dramatiker und Opernlibrettist)

Johann Wolfgang Goethe (* 28. August 1749 in Frankfurt am Main; † 22. März 1832 in Weimar; dt. Dichter und Naturforscher)

Johannes Brahms (* 7. Mai 1833 in Hamburg; † 3. April 1897 in Wien; dt. Komponist, Pianist und Dirigent)

Jose Carreras (* 5. Dezember 1946 in Barcelona; span. Opernsänger)

Joseph Oskar Gregor (* 26. Oktober 1888 in Czernowitz; † 12. Oktober 1960 in Wien; österr. Theaterwissenschaftler und Schriftsteller)

Joseph von Eichendorff (* 10. März 1788 Ratibor; † 26. November 1857 in Neisse; preuß. Lyriker und Schriftsteller)

Jules Massenet (* 12. Mai 1842 in Montaud bei Saint-Étienne; † 13. August 1912 in Paris; franz. Opernkomponist)

Karlheinz Stockhausen (* 22. August 1928 in Mödrath, heute zu Kerpen; † 5. Dezember 2007 in Kürten-Kettenberg; dt. Komponist)

Katharina Ismailowa (Figur der Kaufmannsgattin Katharina Ismailow in Schostakowitschs Oper »Lady Macbeth von Mzensk«)

Krieg und Frieden (Historienroman von Leo Tolstoi; gilt als eines der bedeutendsten Werke der Weltliteratur)

Krzysztof Penderecki (* 23. November 1933 in Dębica; zeitgenössischer poln. Komponist)

Kurt Weill (* 2. März 1900 in Dessau; † 3. April 1950 in New York City; deutsch-amerikanischer Komponist)

La Donna è mobile (Kanzone des Herzogs von Mantua aus dem dritten Akt der Oper Rigoletto)

La Sonnambula (Oper in zwei Akten von Vincenzo Bellini)

La Traviata (Oper in drei Akten von Giuseppe Verdi, Libretto von Francesco Maria Piave)

Le Nozze di Figaro (Oper in vier Akten von Wolfgang Amadeus Mozart)

Lear (Oper in zwei Teilen, Musik von Aribert Reimann, das Libretto von Claus H. Henneberg, nach der Tragödie »König Lear« von William Shakespeare)

Leo Tolstoi (* 9. September 1828 in Jasnaja Poljana; 20. November 1910 in Astapowo; russ. Schriftsteller)

Leonhard Bernstein (* 25. August 1918 in Lawrence, Massachusetts; † 14. Oktober 1990 in New York City, New York; amerikanischer Komponist, Dirigent und Pianist)

Libretto (Textbuch für szenische Musikwerke; berühmte Librettisten waren u.a. Eugène Scribe, Arrigo Boito und Hugo von Hofmannsthal)

Lohengrin (Oper von Richard Wagner)

Lorenzo da Ponte (* 10. März 1749 in Cèneda, Republik Venedig; † 17. August 1838 in New York; ital. Dichter)

Loris (Hofmannsthal veröffentlichte unter diesem Pseudonym seine ersten Gedichte)

Ludwig Börne (* 6. Mai 1786 in Frankfurt am Main als Juda Löb Baruch; † 12. Februar 1837 in Paris; dt. Journalist, Literatur- und Theaterkritiker)

Ludwig van Beethoven (getauft 17. Dezember 1770 in Bonn, Kurköln; † 26. März 1827 in Wien; dt. Komponist und Pianist)

Luigi Illica (* 9. Mai 1857 in Castell'Arquato; † 16. Dezember 1919 in Colombarone; ital. Librettist, vor allem der Opern Puccinis)

Lulu (zweite, im 3. Akt unvollendet gebliebene, Oper des österr. Komponisten Alban Berg)

Marcel Prawy (* 29. Dezember 1911 in Wien; † 23. Februar 2003 ebenda; österr. Dramaturg, Opernkenner und Opernkritiker)

Mariinsky-Theater (weltberühmtes Opern- und Balletthaus in Sankt Petersburg)

Max Reinhardt (* 9. September 1873 in Baden als Maximilian Goldmann; † 31. Oktober 1943 in New York; österr. Theater- und Filmregisseur, Intendant und Theatergründer)

Meiningerei (artifizielle und überakzentuierte Betonung im Sprechtheater)

Mutter Courage (Drama von Bertolt Brecht)

My fair Lady (Musical mit der Musik von Frederick Loewe; Buch und Liedtexten von Alan J. Lerner)

Nathan der Weise (Titel und die Hauptfigur des Dramas in fünf Akten von Gotthold Ephraim Lessing)

Neue Sachlichkeit (Stilrichtung in Literatur und Kunst während der Weimarer Republik als Reaktion auf den Expressionismus)

Novelle (Erzählung kürzeren oder mittleren Umfangs, die von einem einzelnen Ereignis handelt und deren geradliniger Handlungsablauf auf ein Ziel hinführt)

Ochs (Der Baron Ochs auf Lerchenau aus Richard Strauss Oper »Der Rosenkavalier«)

Octavian (Figur des Rosenkavaliers in der gleichnamigen Oper)

Opera seria (Italienische Operngattung, die sich aus verschiedenen Stilelementen und mit vorwiegend griechisch-mythologischen Inhalten gegen Ende des 17. Jahrhunderts entwickelte)

Oscar Wilde (* 16. Oktober 1854 in Dublin; † 30. November 1900 in Paris; ir. Lyriker, Romanautor, Dramatiker und Kritiker)

Osmin (eine Figur aus der Oper »Die Entführung aus dem Serail« von Wolfgang Amadeus Mozart)

Othello (Theaterstück von William Shakespeare)

Ouvertüre (Instrumentale Einleitung für Bühnen- und Orchesterwerke, die aus der höfischen Tradition entstand, für den König eine Einzugsmusik vor der eigentlichen musikalischen Aufführung zu spielen)

Parola Scenica (Schlüsselbegriff der Librettoanalyse, der die dramatische Qualität eines Librettos einordnet)

Parsifal (das letzte musikdramatische Werk von Richard Wagner)

Partitur (übersichtlich angeordnete Niederschrift der Noten und Spielanweisungen aller an einer Komposition beteiligten Stimmen und Instrumente)

Passionsspiele (Dramen, die das Leiden und Sterben des Jesu von Nazaret behandeln)

Paula Wessely (* 20. Jänner 1907 in Wien; † 11. Mai 2000 ebenda; österr. Film- und Theaterschauspielerin)

Pedro Caldéron (* 17. Januar 1600 in Madrid; † 25. Mai 1681 ebenda; span. Dichter und Dramatiker)

Pietro Metastasio (* 3. Januar 1698 in Rom; † 12. April 1782 in Wien; ital. Dichter und Librettist)

Placido Domingo (* 21. Januar 1941 in Madrid; span. Opernsänger)

Prima la musica, poi le parole (Oper in einem Akt von Antonio Salieri, Libretto von Giovanni Battista Casti)

Prinz von Homburg (Drama von Heinrich von Kleist)

Pygmalion (Schauspiel von Georg Bernhard Shaw)

Rezitativ (typische Sprechgesang in der Oper; ausführlicher instrumentiert und ausgestaltet)

Rheingold (Oper von Richard Wagner; bildet mit den drei Musikdramen »Die Walküre«,

»Siegfried« und »Götterdämmerung« das Gesamtwerk »Der Ring des Nibelungen«)

Richard Strauss (* 11. Juni 1864 in München; †
8. September 1949 in Garmisch-Partenkirchen;
dt. Komponist)

Richard Wagner (* 22. Mai 1813 in Leipzig; †
13. Februar 1883 in Venedig; dt. Komponist,
Dramatiker, Dichter, Schriftsteller, Theaterregisseur und Dirigent)

Rigoletto (Oper in drei Akten von Giuseppe
Verdi; Libretto von Francesco Maria Piave,
nach dem Melodrama Le roi s'amuse von Victor Hugo)

Robert Schumann (* 8. Juni 1810 in Zwickau;
† 29. Juli 1856 in Endenich; dt. Komponist,
Musikkritiker und Dirigent)

Roman (literarische Gattung erzählender Prosa,
in der in weit ausgesponnenen Zusammenhängen, das Schicksal eines Einzelnen oder einer
Gruppe von Menschen geschildert wird)

Romantik (kulturgeschichtliche Epoche, die

vom Ende des 18. Jahrhunderts bis weit in das 19. Jahrhundert hinein dauerte; die Betonung des Gefühls, der Fantasie sowie eine Rückwendung zum christlichen Mittelalter standen im Mittelpunkt)

Salome (Musik-Drama in einem Akt von Richard Strauss, nach dem Drama »Salomé« von Oscar Wilde)

Salvadore Cammarano (* 19. März 1801 in Neapel; † 17. Juli 1852 ebenda; italienischer Literat, Librettist und Regisseur)

Samuel Beckett (* 13. April 1906 in Dublin; † 22. Dezember 1989 in Paris; ir. Schriftsteller)

Secco (der Sänger wird nur durch sogenannte Stützakkorde, meist vom Cembalo mit Baßbegleitung, Generalbaß, begleitet)

Sergej Larin (* 9. März 1956 in Daugavpils; † 13. Januar in Bratislava; russ. Opernsänger)

Shylock (jüdischen Geldverleiher namens Shylock aus dem Theaterstück »Der Kaufmann von Venedig« von WIlliam Shakespeare)

Sinfonie (seit dem Beginn des 17. Jh. Bezeichnung für Instrumentalwerke von über die Jahrhunderte wechselnder Form und Besetzung)

Sixtus Beckmesser (* um 1500 in Nürnberg; † vor 1539; Meistersinger und Stadtschreiber)

Sophokles (* 497/496 v. Chr. in Kolonos; † 406/405 v. Chr. in Athen; Dichter in der Zeit der Griechischen Klassik)

Stabreim (Reim mit mehreren gleich anlautenden betonten Wörtern in einer Zeile)

Stefan Zweig (* 28. November 1881 in Wien; † 23. Februar 1942 in Petrópolis; österr. Schriftsteller)

Sylvain Cambreling (* 2. Juli 1948 in Amiens; franz. Dirigent)

Tannhäuser und der Sängerkrieg auf der Wartburg (Oper von Richard Wagner)

Theodor W. Adorno (* 11. September 1903 in

Frankfurt am Main; 6. August 1969 in Visp; dt. Philosoph, Soziologe, Musiktheoretiker und Komponist)

Thomas Mann (* 6. Juni 1875 in Lübeck; † 12. August 1955 in Zürich, Schweiz; dt. Schriftsteller)

Tod in Venedig (Novelle von Thomas Mann)

Torquato Tasso (* 11. März 1544 in Sorrent; † 25. April 1595 in Rom; ital. Dichter)

Torquato Tasso (Schauspiel in fünf Aufzügen von Johann Wolfgang von Goethe)

Tosca (Oper von Giacomo Puccini, Libretto von Giuseppe Giacosa und Luigi Illica nach dem Drama »La Tosca« von Victorien Sardou)

Tristan und Isolde (Oper von Richard Wagner)

TS Eliot (* 26. September 1888 in St. Louis; † 4. Januar 1965 in London; amerik. Lyriker, Dramatiker und Kritiker)

Victor Hugo (* 26. Februar 1802 in Besançon; † 22. Mai 1885 in Paris; franz. Schriftsteller)

Vorspiel (Musikalische Einleitung einer Oper, die thematisch bereits direkt auf den ersten Akt verweist. Die Ouvertüre hingegen ist im Vergleich dazu eine eigenständig abgeschlossene Komposition)

Waleri Abissalewitsch Gergijew (* 2. Mai 1953 in Moskau, russ. Dirigent und Intendant des Mariinsky-Theaters in Sankt Petersburg)

Wieland Wagner (* 5. Januar 1917 in Bayreuth; † 17. Oktober 1966 in München; dt. Opernregisseur und Bühnenbildner)

Wilhelm Furtwängler (* 25. Januar 1886 in Schöneberg; † 30. November 1954 in Ebersteinburg bei Baden-Baden; dt. Dirigent und Komponist)

William Shakespeare (getauft am 26. April 1564 in Stratford-upon-Avon; † 23. April ebenda; engl. Dramatiker und Lyriker, gilt als einer der bedeutendsten Schriftsteller der Weltliteratur)

Wolfgang Amadeus Mozart (* 27. Januar 1756 in Salzburg; † 5. Dezember 1791 in Wien; bedeutender Musiker und Komponist)

Wolfgang Koeppen (* 23. Juni 1906 in Greifs-
wald; † 15. März 1996 in München; dt. Schriftsteller, der vor allem durch seine »Trilogie des
Scheiterns« bekannt wurde)

Woyzeck (Drama von Georg Büchner)

Wozzeck (Oper in drei Akten von Alban Berg,
Libretto beruht auf dem deutschsprachigen
Dramenfragment Woyzeck von Georg Büchner)

Zacharias Werner (* 18. November/19. November 1768 in Königsberg in Preußen; † 17.
Januar 1823 in Wien; dt. Dichter und Dramatiker der Romantik)

ISBN: 978-3-86489-205-9
96 Seiten
€ 14,00
Auch als eBook erhältlich

Was wir von der Klugheit der Pflanzen lernen können

Maurice Maeterlinck war Anfang des 20. Jahrhunderts
einer der einflussreichsten Autoren Europas. Heinrich
und Thomas Mann, Rainer Maria Rilke, aber auch die
späteren Surrealisten André Breton, Jean Cocteau und
Antonin Artaud zählten zu den Bewunderern des Autors,
der 1911 den Nobelpreis für Literatur erhielt. Neben seinen
lyrischen Werken und Bühnenstücken veröffentlichte er
1907 Die Intelligenz der Blumen: »Man möchte wirklich
meinen, die Ideen kämen den Blumen auf gleiche Weise
wie uns. Sie tasten in derselben Nacht, begegnen den
gleichen Hindernissen, dem gleichen bösen Willen in dem
gleichen Unbekannten. Sie kennen dieselben Gesetze,
dieselben Enttäuschungen, dieselben langwierigen und
mühsamen Siege. Sie haben anscheinend unsere Geduld,
unsere Beharrlichkeit, unsere Eigenliebe, den gleichen
abgestuften mannigfachen Verstand, ja fast dieselbe
Hoffnung und dasselbe Ideal.«

ISBN: 978-3-86489-231-8
160 Seiten
€ 16,00
Auch als eBook erhältlich

Faszination Tierreich

Von A wie Ameise bis Z wie Zitteraal – die Tierwelt ist
manchmal lustig, manchmal grausam und immer wieder
aufs Neue faszinierend. Doch die moderne Wissenschaft
irrt, wenn sie glaubt, Erkenntnisse über die Natur nur aus
der Erforschung im Labor ziehen zu können, sagt Helmut
Höge. Für den Wissenschaftsjournalisten, Biologen und
Amateurforscher ist es vor allem der enge Kontakt zu den
Tieren, der uns ihrem eigentlichen Wesen näher bringen
kann. Ein Buch voll verblüffender Einblicke in eine
wunderbare Welt, die wir immer weiter verdrängen und
die schon bald nur noch ein blasses Abbild ihrer einstigen
Größe sein könnte.

.

ISBN: 978-3-86489-230-1
176 Seiten
Ab Februar 2019 im Handel

Wir sollten die Erde wie einen Garten pflegen

Helmut Salzinger war Literaturkritiker der »Zeit«
und hatte Bücher über Walter Benjamin(»Swinging
Benjamin«) und über Musik geschrieben, als er sich
Anfang der 1970er Jahre auf das Land zurückzog, um
sich fortan möglichst biodynamisch mit Lebensmitteln
zu versorgen. Wie bei einem Stadtmenschen und
Intellektuellen naheliegend, ging das Unterfangen schief.
Aber es bescherte dem Autor statt reichlich Gemüse
tiefgehende Erkenntnisse – und machte ihn zum »Gärtner
im Dschungel«. Seine Erkenntnis: »Wenn wir etwas vom
Wesen des Menschlichen begriffen haben, dann dieses:
dass der Mensch als Natur und Lebewesen von keinerlei
Bestimmung über die Erde gesetzt ist, sondern dass er von
gleicher Art ist wie alles Lebendige.«